贲友林 著

重新认识课堂

教育科学出版社
·北京·

出 版 人　李　东
责任编辑　颜　晴
版式设计　许　扬
责任校对　贾静芳
责任印制　叶小峰

图书在版编目 (CIP) 数据

重新认识课堂 / 贲友林著 .— 北京：教育科学出
版社，2019.4（2024.5 重印）
ISBN 978-7-5191-1849-5

Ⅰ . ①重… Ⅱ . ①贲… Ⅲ . ①课堂教学—教学研究—
中小学—文集 Ⅳ . ① G632.421-53

中国版本图书馆 CIP 数据核字（2019）第 059246 号

重新认识课堂
CHONGXIN RENSHI KETANG

出 版 发 行	教育科学出版社				
社　　　址	北京·朝阳区安慧北里安园甲 9 号		邮　　　编	100101	
总编室电话	010－64981290		编辑部电话	010－64981265	
出版部电话	010－64989487		市场部电话	010－64989009	
传　　　真	010－64891796		网　　　址	http://www.esph.com.cn	
经　　　销	各地新华书店				
印　　　刷	运河（唐山）印务有限公司				
开　　　本	720 毫米 ×1020 毫米　1/16		版　　　次	2019 年 4 月第 1 版	
印　　　张	13.75		印　　　次	2024 年 5 月第 10 次印刷	
字　　　数	180 千		定　　　价	49.80 元	

▪CONTENTS▪ 目 录

成尚荣序　和学生一起在课堂中一路走来　/1

第一辑　课堂的样子

课堂的样子　/2

上课，你"听讲"了吗　/4

上课，你会"不讲"吗　/7

教师提问之后　/10

答问对象的选择，有"潜规则"吗　/14

学生回答问题之后　/18

比"同意"更重要的　/22

别让举手成为摆设　/26

"谁能帮帮他？"　/30

在"学生的问题"中相遇　/33

让疑问自然流淌　/37

课尾留疑之后……　/41

第二辑　课堂无小事

试教，能否叫停　/46

"前测"是把双刃剑　/49

如此导入为哪般　/53

"课堂总结"要总结　/57

不该忘却的板书　/61

技术，莫让教师更忙碌　/65

从教具到学具　/69

老师，你看其他学科的教科书吗　/73

教师的"谎言"　/78

"出错了！"　/82

"视而不见"与"不依不饶"　/86

"到位"与"越位"　/90

说说鼓掌这件事　/94

第三辑　课堂的另一种解读

学生会了吗　/100

这节课，上完了吗　/104

冷场，"冷"了谁　/107

"意料之外"与"意料之中"　/111

不妨让课堂出乎学生的意料　/115

"哪有那么多的不一样？"　/119

这些话，我们是否常常在说　/123

那些可能是我们未曾想过的　/125

每一个细节，都是一种思想　/128

第四辑　关注学生的课堂学习

真的是学生的错吗　/ 132

学生想法中的"泡沫"　/ 136

学生的"套话"　/ 140

让"学"不是走过场　/ 144

对学生的感觉多一些关注　/ 149

警惕课堂学习的"浅尝辄止"　/ 153

学生也可以是"供题者"　/ 157

为什么学生常常无话可说　/ 161

学生的"发现"是否会再来　/ 164

我所理解的学生的学习　/ 171

第五辑　观课之思

听课时，你坐在哪儿　/ 176

听课时，你记录了什么　/ 179

听课时，你怎样打分　/ 183

观课时，勿成为《皇帝的新装》中的那些人　/ 187

邀学生一起观课　/ 191

"一个都不能少"　/ 196

课堂上，学生下位了　/ 200

对"先学后教"的多元解读　/ 203

后　记　一路走来　/ 207

成尚荣序

和学生一起在课堂中一路走来

友林告诉我，近几年，他每年都要出一本书，而每本书后记的题目都是"一路走来"。题目挺有意思的，挺有"嚼头"的。

一路走来，意味着路只有起点而没有终点，永远向前，永不停步。这是一种理念，而且这种理念已成了友林的信念，这种信念已化为永远向前的行动。当然，这也是一种意志、毅力，一种奋斗精神。读后记，读整本书，似乎看到了一个身影，那么坚定，脚踏实地，一步一个脚印。这样的品质，让友林走到了一个新境界。

一路走来，意味着走向成功。成功只能自己定义。一路走来的人，一路向前的人，才可能收获成功。一如尼采所言，我们新的荣耀不在所来之处，而在将要前往的地方。友林友情提醒我们，以往的成功只能说明过去，而将要前往的地方才会有新的成功在等待我们。友林是用自己的脚步、自己的刻苦去定义成功的。他的脚下有尺度，有价值力量的支撑。

一路走来，意味着已走了一程又一程，已有了一次又一次的成功。但是友林深知，路上的一个个里程碑，从来没少一个，从来没跳过一个，一个个里程碑串起的是成功之路、探究体验之旅。武术界有句古话，说得特精辟："初学三年，天下去得；再学三年，寸步难行。"何意？是越学越难，是越学越有新的挑战，如黑格尔所言，"熟知并非真知"。也许，前三年获得的是熟知，而后三年获得的是真知。还可以这么去理解，熟知只是初步，但有人以为初步就是全部，而只有真知才能真正有突破、有新的超越，否则寸步难行。课堂不正是这样的吗？至此，对那句"三年站稳讲台"的话，还得反思。于是，友林提出"重新认识课堂"。友林不知道走过多少个"三年"了，但他仍然一路走来。"重新认识课堂"正是友林的真知。

一路走来，意味着理性的提升。对理性大家有多种理解和解释，我很认同哲学上对理性的理解：它是思想的结晶，是对问题的根本理解。数学是非常理性的，数学教学需要帮助学生进行理性思考，提升其理性水平。中国传统文化给理性以热烈而真诚的情感关怀，传统文化要求教师以美的方式开展数学教学，教会学生逻辑思维、抽象思维、空间想象、模型建构等，让数学课堂有温度，让思维有美丽陪伴。梁漱溟先生有句话说得非常精彩，"中国人的理性，就是多'而有情'三个字"。友林的数学课堂向来就有这三个字。假若你把书的目录从头至尾看一遍，做个适当的梳理，你一定会真切地感受到友林的数学课堂总是"理性而有情"的；假若你把全书读完，还会更深切地体认到友林对学生、对课堂的"有情"。友林的数学课堂是美好的。

一路走来，这回友林走到了一个新境界：重新认识课堂。我们也许会说，谁还不认识课堂啊！我们每天"泡"在课堂里，怎能不认识而感到陌生呢？其实不然。用法国哲学家莫兰的话来说，教学中常常有"黑洞"存在，比如知识传授中就有七个"黑洞"。"黑洞"是怎么产生的？莫兰指出，它来自对基本问题的忽略和错误理解。友林也有这样的提问，他说："一路走来，我们又是如何认识课堂的呢？为何面对课堂常识，我们常常不识？是什么蒙蔽了我们的双眼？为什么我们在课堂中实践但失却了自己的思考？"他还说，"重新认识课堂，不能停滞于发现课堂中的问题，也不是懊悔自己课堂的不足，而是以积极的态度，在批判中建设，敞开胸怀面向未来"，洞见课堂，"原来如此"，"原来并非如此"。说得真好！

友林所说的"常识"，就是教学中的基本问题，这些基本问题有个核心：人。他说，为了理解课堂，要做课堂记录，还要研究课堂记录。他有这样的体认："我们所记录的课堂，并非蓝本，而是镜子。""镜子"让我们看到了人，折射出人的存在。"人是社会化的存在，人的成长离不开他人。"友林在课堂上要解决的核心问题，是让学生真正成为学习者，成为学习的主人，教学的一切都围绕学生的学习展开。他们学校有两句话：人人都是学习者，个个都是小老师。友林将这两句话在课堂里演绎得如此真切、如此生动、如此深刻。我听过他的课，和大家的感受一样：学生的学习在课堂里真正发生了——这就是友林的"重新认识课堂"。让我们跟着友林，在一个个故事和案例中重新认识课堂。

一路走来，还要走下去。一路走来，一路寻变；一路走来，一路寻道。友林，又从此岸摆渡到了彼岸。

成尚荣／国家督学，原江苏省教育科学研究所所长

第一辑

课堂的样子

课堂的样子

我们都有过在学校学习的经历。定格在您脑海中的课堂是不是这样的：一位教师背朝黑板，面向讲台，口若悬河地讲解，一丝不苟地板演；一群学生毕恭毕敬，正襟危坐……。课堂，严肃得让人感到一丝压抑，甚至有一种大气也不敢出的紧张？

我思考：课堂应该是这样的吗？

课堂是什么？当下有三种主要的理解：一是指课堂教学的场所，即教室；二是指课堂教学，就是发生在教室里的教学活动；三是指一个学习型共同体，这是学生成长与发展、教师专业提高的共同体。无论怎么理解，我觉得，课堂上要看得见人。离开了人，课堂也就没有了生命。

课堂的样子，主要是学生学习的样子。在课堂上，我们常常要求学生"坐正"。可是，坐正了，是否就意味着听讲了？坐正了，是否就意味着在学习？试想，成人都很难长时间保持坐正的姿势，而我们却一直要求学生这样去做，是否合适？当学生坐得像雕塑的时候，他们还能学习吗？罗丹的雕塑《思想者》，绝不是坐正的姿势。如果学生上课时的坐姿并没有像教师要求的那样端正，但又不影响他人学习，这是否被允许呢？有时，我们太注重视觉上的统一、整齐、有序，也就是外在"规范"。而比这更为重要的是，学生是否在一种舒适与安全的环境中学习。

人，不能沦为"物"。课堂上，一群生命体一起生活与成长。我们要能感受与体会到思维自由、心灵舒展、生命勃发、千姿百态。

有两种场景在我的头脑中挥之不去。一种场景是，一位教师带着一群学生，教师在前，学生紧跟其后，不越雷池一步。另一种场景是，一位教师和一群学生，学生在前，自己摸索着往前走，教师在学生后面，当学生前行的方向出现大的偏差时，教师就跑到学生的前面，指一指路，然后又退到学生后面，或者来到学生中间，为学生加油鼓劲。

我们期望的课堂是怎样的呢？如果我们还迷恋第一种场景的话，似乎需要提醒自己：该刷新观念了！

我曾经写下这样一段话："课堂中，学生积极主动，善于倾听，勤于思考，敢于质疑，争先恐后地举手，自信大方地表达，或补充，或修正，或肯定，或质疑，充满有主见又不失童趣与深刻性的争辩，一个个'小精灵'都是知识、思想、方法的生产者，是学习的主人。这样的课堂生机勃勃、兴味盎然，教师和学生都能得到发展和成长。"

这就是我理想中课堂的样子。

显然，课堂是什么样子的，并没有一个统一的标准答案。但对课堂的想象，是教师对课堂所追寻的目标的描摹，是教师对课堂行进方向的选择。这其实是一位教师对自己课堂所做的"顶层设计"。蒙田在《论想象的力量》中写道："强劲的想象产生事实。"对课堂的想象，就是为了改变现实的课堂，从而使想象成为现实。

面对课堂，我们需要思考，更需要想象。审视现实，有了思考，也就能明确努力的方向；对照现实，有了想象，也就能积攒前进的力量。思考力、想象力，都是课堂教学的生产力！

让思考与想象照亮课堂的现实与未来。

上课，你"听讲"了吗

　　家长送孩子到学校门口告别时常常叮嘱：上课要听讲！这也是许多教师常常对学生说的一句话。学生听讲，理所应当；承担"传道、授业、解惑"重任的教师，听谁讲？

　　无疑，是听学生讲。

　　然而，审视我们的课堂，教师不听、假装听的现象比比皆是。学生表达自己的想法时，有的教师充耳不闻，有的看起来在听，但实际上心不在焉。

　　教师听不懂学生想法的现象很常见。我们要意识到，有时不仅仅是因为教师没听，还因为教师与学生之间存在着知识偏差。

　　美国的伊丽莎白·牛顿博士曾设计、组织过这样一个实验。她把参加实验的人分为两组，一组被指定为"敲击者"，另一组被指定为"听众"。敲击者的任务是在一系列大众熟悉的歌曲中挑选出一首歌曲，譬如《祝你生日快乐》，然后为听众敲打出这首歌曲的旋律；听众的任务则是猜出敲打的歌曲的名字。

　　牛顿博士让敲击者先预测听众猜对的概率。敲击者预测听众至少会猜对一半。因为敲击者觉得这个任务实在是太容易了，大家怎么可能猜不出类似《祝你生日快乐》这样家喻户晓的歌曲呢？然而，实际敲出来的 120 首歌曲，听众只猜对了 3 首。

　　为什么 120 首歌曲听众只猜对了 3 首？

　　奇普·希思博士将这种现象称为知识偏差。因为听众事先并不知道敲击者所要敲打的歌曲，所以当敲击者开始敲打的时候，听众只听到了一些不连贯的敲桌子的声音。而敲击者却清楚地知道自己所要敲打的歌曲，他们一边敲桌子，一边在脑海里唱着那首歌。他们在敲打的时候，无法想象听众听到的是什么。实际上，听众听到的只是间断的敲桌子的声音，而这些声音在敲击者听来却是一首歌。这就是所谓的知识偏差。

知识偏差每天都在师生共同经历的课堂中上演。教师勤勤恳恳地敲击出自以为耳熟能详的"乐章"，但学生听到的也许只是黑板上发出的一些间断的"敲击声"。更为糟糕的是，我们一旦知道学生听不懂我们的"敲击声"，就会更加卖力地敲击。我们只知道不停地敲击，却不知道走到学生的跟前，对着他们的耳朵哼唱这首歌。

同样地，学生敲击出的"乐章"，教师听到的可能也是一些间断的"敲击声"。

在三年级的数学课堂上，发生过这样一件事情。

把 1 个饼平均分成 2 份，其中的 1 份，学生知道用分数 $\frac{1}{2}$ 表示。

为什么是 $\frac{1}{2}$ 呢？连续两位学生的解释都是："2"表示把 1 个饼平均分成 2 份，"1"表示 1 个饼。此时，教师却未能听出学生对"1"的解释有误 —— 这里的"1"，表示的是平均分成 2 份中的 1 份，而不是原来的那"1 个饼"。这位教师未察觉这个错误，课堂教学就这样进行下去……不敢想象，学生后续的分数学习会遇到什么样的障碍！

这是教师疏忽，还是教师听不懂？或许，教师安排学生发言，就是走过场而已，至于学生说了什么，根本就不太在意；或许，教师听了学生对"2"的解释，想当然地认为学生对"1"的看法不会有问题。其实，只要教师留心去听学生的发言，立即就可以发现这个解释中的错误之处。

我们常常告诫学生"要听老师讲"，可教师为什么常常不听学生讲呢？"己所不欲，勿施于人。"南京大学郑毓信教授在《教师专业成长的主要目标与重要内容》一文中指出，应将"善于交流与互动"看作教师的又一项基本功。无疑，交流与互动，从听开始；避免知识偏差，也是从听开始。唯有认真倾听，教师才能走近学生、走进学生。

就我们的课堂教学而言，听，是一种姿态；听，是一种需求；听，是一种技术活儿。教师不仅要听清学生讲了什么，更要明白学生想的是什么 —— 即从学生外在的声音，听出学生内在的想法，乃至于听出"话外之音"；从学生所讲的内容，分析出学生对所学内容的认识与理解。真正的听，其标志是：教师听后所讲的与学生所讲的是彼此关联的。也就是说，紧承其后的教师的讲，应是顺水推舟的"接着说"，而不是另起炉灶的"重新说"；紧承其后的教师的讲，既基于学生的想法，又提升了学生的想法。仅仅听懂，这只是开始。

面对学生，请记住一句忠告：克服你身上培养起来的高傲自大。

上课，你会"不讲"吗

课堂上，教师讲解，似乎天经地义。上课，教师能"不讲"吗?

教师"不讲"，主要有两方面的原因。

第一，教师"不会讲"。

比如，在三年级学习同分母分数加减法时，计算 $\frac{3}{8}+\frac{2}{8}$，$\frac{3}{8}-\frac{2}{8}$，学生往往借助图形直观思考，完成计算。如果学生质疑"为什么分母不变，分子相加减"，教师如何回应? 即，如何与三年级的学生交流同母分数加减法的算理呢? 因为三年级学生尚未学习分数单位，还不能用五年级的知识来给他们解释算理。我在教三年级学生这部分内容的时候，就不知道怎样讲，但课堂中两名学生的解释，让我悄悄地学会了怎样讲。

一名学生是这样解释的: 假设把一个东西平均分成 8 份，先取走 3 份，再取走 2 份，2+3=5 份，就是取走了 $\frac{5}{8}$。假设把一个东西平均分成 8 份，先取出其中的 3 份，再取走这 3 份中的 2 份，3−2=1 份，就是剩下了 $\frac{1}{8}$。

另一名学生是这样解释的: 8 份当中的 3 份加 8 份当中的 2 份，就是 8 份当中的 5 份。8 份当中的 3 份减 8 份当中的 2 份，就是 8 份当中的 1 份。

两名学生的解释，贴近三年级学生的水平，清晰准确，又简明易懂。可见，教师若不会讲，不能消极地回避，而应到学生那儿寻找教学的智慧。有人说，一个优秀的作家应该始终处于学生状态。我以为，教师也应有学生心态。面对学生，我们既是教师，又是学习者，学习着如何做教师。

第二，学生"会讲"。

通过观察课堂，我们可以发现，教师和学生抢着讲的现象太多了。有的教师讲解不恰当，以自己的思维替代学生的思维。事实上，学生可以凭借自己的力量，自主展开学习。他们有学习的能力，也有与别人交流的能力。他们既能学，又能教。只是，请不要要求学生采用我们成人的方式去教。学生的语言可能稚嫩，方式也许简单，但学生会用心阐述自己的理解；在交流的过程中，他们在教，他们在学。学生的教，促进了学。教，亦是更好的学。他们既当教师又当学生，全身心投入学习，不仅接受知识，还表达知识，学与教融为一体。

课堂上，学生会的，教师不讲。学生中有会的，有不会的，让会的学生讲给不会的学生听。学生能讲的，教师不抢着讲。学生能讲清楚的，教师尽可能不重复讲。教师讲的，是学生不能自主学会的内容。

通过观察课堂，我们可以发现，学生不认真倾听同学的发言，往往和教师的"讲"有很大关系。比如，对一个问题，甲、乙、丙三名学生发言，把问题都讲清楚了，教师紧接其后再讲一遍。这可能会给学生这样的感觉：之前同学的发言可以不听，因为老师还会再讲一遍。这样的"讲"，效果适得其反。正如海明威所说，我们花了两年学会说话，却要花上六十年来学会闭嘴。对教师来说，"不讲"常常比"讲"还难。因为，教师已经"讲"惯了。

教师"不讲"，是为了给学生更多讲的机会，更多深入思考、充分交流的机会。教师"不讲"，意味着给学生更多学的机会与学的时间，以激活学生的学习自主性与积极性；意味着教师坚持以学生为本，全面依靠学生组织学习过程，把每名学生的学习放到课堂教学的中心位置。

斯霞老师曾建议："在课堂上，学生说的话比教师说的多。"的确，教师给予学生的信号越多，学生的思维水平可能就越低。对教师来说，在课堂上，减少话语其实比增加话语更难。因为讲解时如何做到要言不烦、切中肯綮，教师不再轻车熟路。美国第 28 任总统伍德罗·威尔逊，拥有约翰·霍普金斯大学政治学博士学位，曾任普林斯顿大学校长。他从青年时代起就擅长写作，而且富有辩才。一次，朋友问他："准备一个 10 分钟的演讲，大概得花多长时间？"威尔逊想了想，说："两个星期。"朋友又问："一个小时的演讲稿，要多长时间来准备？"威尔逊的回答是："不超过一个星期。"朋友最后问："如果是两个小时的演讲呢？"威尔逊自信地站起来，说："不用准备了，我现在就可以开讲。"这听起来好像不可思议 —— 演讲时间越短，需要准备的时间越长。仔细想想，也是。要想长话短说，必须精练再精练，自然也就需要更充分的准备了。教师在课堂上讲什么、不讲什么，不是随心所欲、信口开河、跟着感觉走的，而需要研究教学内容，研究学生的学习，研究自身教学风格。

当然，我们也要明白，教师上课，不是什么都不讲，而是要想想，哪些可以不讲，哪些要讲；若讲，又要怎么讲。"不讲"，也是"讲"，正如老子的无为而为。"讲"与"不讲"，都是为了促进学生高质量学习。

教师提问之后

课堂上，教师先提出问题，然后学生回答问题，这几乎是"标配"。教师提出问题之后，你发现什么了？

如果全班没有学生举手，教师会有什么反应？你看到的可能是教师佯装出来的镇定，你未曾看到的是教师内心真实的慌张。至少，作为教师的我，曾经如此，尤其是公开课中，那种慌张，刻骨铭心。

如果在公开课中遇到这种情况，教师往往会把刚才的问题重复一遍，以掩饰内心的不安。他还会把问题分解成更琐细、更简单的问题，直到班上有学生举手。这时，教师悬着的心才放下来一些。接下来，教师会请学生回答问题。如果学生的回答与教师的预设不谋而合，你会看到教师表面依然镇定，其实他的内心狂喜不已。接着，他会狠狠地表扬刚刚发言的学生，赞美之词，毫不吝啬。而教师的表扬，往往又会刺激学生进一步去揣摩：老师想要我说什么呢？

教师提问之后，往往期待学生能立即举手作答，因为这样就显示出学生课堂参与的积极性高。教师是否想过，学生面对问题能立即举手作答，恰恰可能说明问题对学生的挑战性不够？面对问题，学生是需要思考的，而思考是需要一定的时间的。教师应当寻找学生的最近发展区，即让学生跳一跳，摘到果。教师该追问自己：提出的问题，对学生是否有适度的挑战性？提出问题之后，是否留给了学生独立思考的时间？

教师往往关注的是学生的发言和教师的预设是否一致。固然，教师在拟定教学预案时，会设计好课堂上所提的问题，对问题的答案也是有预设的。我记得曾经上公开课之前，我会把问题写在备课纸上，学生对这个问题可能的回答，我也会写到教学设计中。课未上，教学实录已经虚拟出来了。而这仅仅是教师的一种假设。倘若学生的回答与教师的预设不一致，教师能否保持坦然与从容？事实上，学生的回答与教师的预设不一致的时候远远多于一致的时候。提问之后，教师该做的是，先让学生各抒己见，再组织学生对不同的想法进行比较，促进学生的思考更深入。教师不应简单地用自己的想法来"规定"学生的回答，而应通过提问，帮助学生打开思路、拓展思维。

由此我又想到，教师在提出问题之后，该请谁来回答呢？

关于课堂上请谁发言，我曾经对不同学校、不同学科、不同教龄、不同经历的教师做过访谈。接受访谈的每位教师都有自己的想法，但不同之中有相同的地方。比如，在公开课上，大家倾向于请比较优秀的学生发言。因为优秀的学生，最懂老师的心，他们的回答也大多正中老师的下怀，一个又一个问题便行云流水般地得以解决。而家常课上，请谁发言则随意得多。为什么对待公开课和家常课，就不一样呢？

在我的公开课上，那些学习能力比较弱的学生，我是一定要邀请他们发言的。这样做的目的，是让他们知道，老师信任他们，爱他们。当然，请他们发言，以前是"哪壶不开提哪壶"，现在则是"哪壶开了提哪壶"。

而优秀学生发言，却可能是课堂的一种灾难。

为什么这么说呢？因为优秀学生的发言，往往都是对的，其他学生想纠正，难有机会；优秀学生的发言，往往比较完整，其他学生想补充，几乎没机会。优秀学生发言结束，这一问题的回答往往就告一段落。优秀学生发言时，其余学生可能只是观众、听众、旁观者，自然会比较"绝望"。于是，在我的课堂上，曾经有一段时间，优秀学生遭到"封杀"，我对他们高高举起的小手基本上视而不见，以致发生了他们用短信向我抗议的故事。

那么，优秀学生，请还是不请他们发言？

南京师范大学附属中学特级教师王栋生曾经讲述过一件事。他曾经的两名高中学生在教室里打赌，赌菜票。那时学校的菜票是5角或1元钱的。他们打什么赌呢？一名学生说，这次期末考试，数学他准备考个65分玩玩。另一名学生说，他准备考个80分玩玩。结果，准备考80分的学生考了86分，准备考65分的学生不多不少正好考了65分。考65分的学生赢了。考86分的学生老老实实地撕了1元钱的菜票交给考65分的学生——这名学生午餐时美美地吃了一份排骨。

对两名高中生的"淘气"，这里不做评述。我想到的问题是，两名打赌的学生，是考65分的学生优秀，还是考86分的学生优秀呢？其实，这两名学生都很优秀。

再想一想：考100分的优秀吗？毫无疑问，优秀！那是否有比考100分更优秀的？若有，那是什么？

想考多少分，就考多少分！一份试卷中的题目，学生不仅可以做对，而且可以做错。做对，得几分，做错，扣几分，都在学生的掌控之中。这是不是比考100分更优秀？

基于这样的思考，在小学高年级，我和优秀学生就有了一场特殊的交流。我和他们说："你们在贲老师的数学课上，一直举手想发言，我知道你们很优秀。不过，你们知道吗，比一直举手想发言更优秀的是什么？"学生说"不知道"。确实，他们不会想这个问题。我提醒道："在贲老师的数学课上，你知道什么时候可以不举手，什么时候必须举手吗？"优秀学生真的厉害！再上课时，我提出问题，那些优秀学生都不抢着举手了，等其他学生说完了，他们再接着发言。后来，他们还总结了这样两句话：别人举手我不举，别人不举我"亮剑"。

看来，教师提问之后，真不是请一名学生回答一下问题这么简单的。

教师期待课堂顺顺当当，按照自己的预设上完，说到底，这还是教师本位。不过，这是正常现象，上课时谁也无法做到"无我"。只是，作为教师，我们要不断地警醒自己：我是谁？为了谁？教师的教，应服务于学生的学。如是，我们就会慢慢地把自己作为教师的光芒隐藏一些，而把更多的机会还给学生。

答问对象的选择，有"潜规则"吗

课堂教学过程中，教师提出问题，学生经过思考后纷纷举手，教师指定其中一名学生发言，这样的场景比比皆是。

指定学生发言，是一种常态的课堂教学组织形式。那么，为什么教师指定的是这名学生而不是那名学生？教师对答问对象的选择，是基于什么考虑的呢？

就此问题，我采访了30多位各个学科的教师，其中，有走上讲台才一年的青年教师，也有教龄接近40年的老教师。通过访谈得知，他们在指定学生发言时，一般基于以下考虑：第一，根据问题的难易程度选择不同层次的学生作答。比较简单的问题，选择成绩暂时落后的学生作答；比较难的问题，选择成绩比较优秀的学生作答。第二，对少数内向、不爱主动发言的学生，通过指定发言，让他们参与课堂活动。第三，对注意力不够集中的学生，通过指定发言，起到督促、提醒的作用。看来，教师指定学生发言，是遵循了一定的规则的。当然，这样的规则，是每位教师"自定义"的，但又有一些相同的地方。这好似一种"潜规则"，大家平时并没有明说，但心知肚明。那学生是否认同教师的这些规则呢？

我想起了一段教学经历。当时我带的是六年级的一个班。一天放学后，我收到学生焦芙蓉发给我的短信。第一条短信的内容是："贾老师，为什么上课的时候不请我发言？！明明郑嫣然没举手，你却请她发言。你深深地伤害了我幼小的心灵。"（"你深深地伤害了我幼小的心灵"这句话，在当时的班上是有"典故"的，这是一名男生的口头禅。）过了一会儿，又收到焦芙蓉发给我的第二条短信："为什么你一而再，再而三这样？！机会是争取来的，为什么我争取了，你也不给我机会？！"每条短信后面都附了4个"哭脸"。我回复了短信，并约好第二天与她交流。

第二天，焦芙蓉毫不留情地指出：我在课堂上对她的举手熟视无睹，那些不举手的同学反而常常有发言的机会。我向她解释为何在课上常常不请她发言：她很优秀，于是老师把更多的发言机会给了学习困难一些的学生。

焦芙蓉所说的的确是事实。我在课堂上，对学习比较困难的学生特别"照顾"，给他们提供更多的发言机会，而学习优秀的学生常常被"冷落"，其所得到的发言机会要少一些。学习优秀的学生的发言，往往由于其所思所想与其他学生（尤其是学习困难学生）的差距过大而难以被他们所理解，所以，教师常常把学习优秀的学生的发言要求搁置一边。差异是一种教学资源，但过大的差异，也许难以成为教学资源。我知道，焦芙蓉讲完之后，班上大多数学生可能都云里雾里，只有她自己清清楚楚。于是，我只能一次又一次"粗暴"地无视她发言的要求，"剥夺"她言说的机会。

尽管我的想法有一定的合理性，我也向焦芙蓉做了解释，但焦芙蓉未全部认可、接纳我的"规则"。交流结束后，焦芙蓉依然嘟囔着"不公平"。

教师指定学生发言，照顾学习困难的学生是有必要的。但对像焦芙蓉这样得不到发言机会的学生而言，这也是一种"伤害"。怎么办？我和学生商定了新的规则：在课堂上，如果有一些想法未能表达出来，下课后可以直接对老师说，也可以以书面形式告诉老师。这也算"课内不足课外补"吧。

进一步思考：能否不由教师指定学生发言呢？于是，我做了这样的尝试：课堂上，谁和全班交流，用抽签的方式决定。当然这么做的前提是学生和全班交流的积极性都很高。

对于用抽签的方式选择发言的学生，教师可能会有一些顾虑与担忧：如果抽到的那个学生"比较弱"，说得"不行"，怎么办？

对此我很坦然。我以为，无论发言的学生说得如何，都是真实状态的呈现。即便问题重重，这也是学生学习、成长过程中绕不过的弯。教师对课堂的一切可能性应持开放的心态，这正是课堂魅力的源泉。课堂教学需要预设，但不可能完全预设。对于课堂教学，并没有已经绘制完毕的"地图"，只有师生行动的目标与走向。教学过程是师生对话、相互启发、相互发现的过程。如果一个学生的发言中有疏漏、有错误，这恰恰给其他学生提供了补充、纠正的机会。相反，如果一个学生说得很完美，那其他学生参与的积极性可能就会降低。

抽签，在一定程度上可以避免教师的主观决断、一厢情愿；抽签，让每名学生对发言都怀有期待，从而更积极地参与、更主动地思考。

要指出的是，谁发言，也不能一味由抽签决定。指定发言同样需要。指定发言，能呈现给其他学生以启发的、为全班学生所需要的想法，或正确的、比较优美的示范，或典型的、可供研究的错误，等等。这时的指定，是为了让一些在某种时候需要特别关照的学生获得"直通车"。

其实，抽签也好，指定也罢，不管采用哪一种方式，都应当服务于教学。

还要指出的是，无论是抽签还是指定，往往只适合于交流某一个问题时，选择第一个发言的学生。紧接其后谁来补充发言，不妨既不指定也不抽签，而让学生自己积极、主动争取机会，甚至可以说"抢"机会。

提问，是为了让学生展示自己的想法，而不是为了寻找教师所需要的想法。刘良华教授指出：真正有效的提问，原来是"倾听"。这样的说法，是值得我们深思的。

由此，我又想到，教学过程有既定的规则，但规则的调整、丰富与创新也是必不可少的。教学，需要灵活、机敏而理性的行动。

学生回答问题之后

　　课堂上，教师提出问题，然后学生回答问题，是一种常态。那么，学生回答问题之后，有怎样的表现呢？教师又有怎样的表现呢？

　　通常，学生回答问题之后，发言的学生会有如释重负之感，甚至沾沾自喜地坐下，其余的学生会等待教师对发言内容的评判。而教师则会对学生的回答给予评判。如果学生回答对了，教师会肯定甚至赞赏学生；如果学生回答错了，教师可能会再请其他学生发言，或者针对学生的错误之处再做引导性的提问。

　　我们可以发现，在这样的课堂上，由教师评判学生的回答"对"或"错"，其目的在于评价学生知道了什么，而不是引发学生之间的讨论。总之，教师牢牢控制着课堂进程，学生亦步亦趋，等待并接受教师的安排。

　　能否通过调整，让学生不消极地等待以及"被安排"呢？

　　我在教学中做了一些尝试。在学生回答问题之后，教师暂不表达自己的看法，而是让其他学生主动地"接着说"。如果同伴回答对了，其他同学可以给予积极的肯定，并对其中的精彩之处进行赏析；如果同伴发言中有错误，可以纠正，还可以进一步分析错误原因；如果同伴发言有疏漏，其他同学可以补充；如果几名同伴相继发言，后面发言的同学可以对前面几名同学的发言进行对比分析，也可以进行综合梳理。

　　在这样的课堂上，学生提出自己的想法，并不断倾听他人的不同意见，形成师生、生生之间真正的对话。所有学生的想法，无论是正确的还是错误的，都可以通过全班讨论得以肯定、质疑、修正、完善等。

课堂上的"问"与"答"，好似打乒乓球。以往的方式是，教师发球，学生回球，教师接球，学生再回球……师生之间你来我往。学生与学生之间的互动极少，他们的回答都直接指向教师的提问，并期待教师的评价。调整后的方式是，教师发球（或学生发球），学生回球，第二个学生接球，第三个学生回球……，球在学生之间来回。学生与学生的互动占据更大的份额，即课堂上的互动不仅仅是学生与教师的互动，更多的是在教师组织下的学生与学生的互动，这有利于建立具有反思性、循环性、相互依赖性的互动方式。当然，教师也不能袖手旁观，而要在关键处参与接球。否则，课堂上的互动可能徒有热闹形式而无深层思考内容。

下面是"真分数与假分数"一课的教学片段。学生在上课之前自主学习了"真分数、假分数"，课堂上教师组织学生展示与交流。

陈传宇：（展示自己完成的学习材料并口述内容）关于"真分数、假分数"，我知道，真分数小于1，假分数大于1，假分数可以变成带分数；真分数或假分数只要分子能整除分母，就可以化成整数（包括小数）；所有分数中有一部分可以化成无限循环小数。

李广成：陈传宇，我想问你，$\frac{10}{10}$ 是真分数还是假分数？

（陈传宇未回答，陈一苇举手作答。）

陈一苇：$\frac{10}{10}$ 等于1，是假分数。

陈传宇：我知道了，假分数大于1或等于1（在学习材料中补写"等于"）。

丁天行：我知道，像 $2\frac{1}{2}$ 就是一个带分数。（教师板书"$2\frac{1}{2}$"）它是由 $\frac{5}{2}$ 化来的。

李广威：我觉得陈传宇说"假分数可以变成带分数"不完整。像 $\frac{10}{10}$ 等于1，就不是带分数。

（陈传宇在学习材料中补写"或整数"。）

师：陈传宇在学习材料中说"真分数或假分数只要分子能整除分母，就可以化成整数（包括小数）"，这里是有漏洞的。漏洞在哪儿呢？大家课后再思考。

尹力：（展示自己完成的学习材料并口述内容）我来补充吧，真分数＜1，假分数≥1。

师：尹力这样表达比用文字叙说更简洁。

黄橙蔚：（展示自己完成的学习材料并口述内容）我认为，分子比分母小的分数叫真分数，例如 $\frac{3}{5}$、$\frac{2}{7}$、$\frac{1}{6}$ 等。分子比分母大或者分子和分母相等的分数，叫假分数，例如 $\frac{6}{6}$、$\frac{8}{5}$、$\frac{7}{7}$、$\frac{4}{3}$ 等。

师：黄橙蔚介绍了什么叫真分数、什么叫假分数，请大家再轻轻地读一读。

（学生读黄橙蔚的学习材料。）

在以上教学片段中，陈传宇和全班交流之后，教师暂不出场；李广威和陈一苇以一问一答的方式指出陈传宇想法中的第一处疏漏，丁天行和李广威再联合指出陈传宇想法中的第二处疏漏；学生补充发言之后，教师再指出陈传宇想法中的第三处漏洞（由于这是学生后续要学习的内容，所以此时教师不指出具体的漏洞，而是留下教学的空白）；尹力、黄橙蔚的补充发言，则让学生对真分数、假分数的认识更为清晰与完整。

教师的"退"，促成了学生的"进"；教师的"隐"，凸显了学生的"显"。在这样的课堂上，师生之间、学生之间相互倾听、质疑与交流，这成为构建知识的重要来源；学生不会因为缺乏勇气而不愿意在全班展示自己的想法，也不会因为自己的想法得到了教师的肯定而不再倾听其他同学的发言。

有学者对专家教师与非专家教师在课堂上对学生反应的评判做了对比分析。专家教师更倾向于由师生学习共同体来评价学生问答或反应的合理性，而非专家教师更倾向于由教师来评价学生的反应。在专家教师的课堂里，学生的回答不只是指向教师，还指向全班学生，教师并不直接评价学生，而是鼓励其他学生评价同伴的反应；而在非专家教师的课堂里，教师的提问指向全班学生，而学生的回答往往只指向教师，更多地由教师直接评价学生的反应。这种由教师控制的单调的对话，更多地以评价为目的，而不是为激发学生的思维，引发全班学生讨论。

要指出的是，学生"接着说"的意识与能力的形成，离不开教师的指导。最初，教师给予学生话语模式的指导。比如，首先发言的学生在自己表达完之后，可以询问其他同学："大家同意我的想法吗？""大家还有补充吗？"接着发言的学生可以采用这样的导入语："由这个问题，我想到了另一个问题……""我觉得你这个问题还可以改一改……""我认为，你的问题是要提醒我们注意……""你的这个问题，练习的是……知识，应用了……方法。""你的问题，有个漏洞……""我的问题和你的问题有关系，请大家看看，是不是这样……"当然，渐渐地，学生就可以不受这些固定的话语模式限制了。这种指导的价值，不仅仅在于让学生学会说话，更在于让学生形成互动的意识。

教师的指导，贯穿并渗透在日常课堂教学之中，非一日之功，不可能毕其功于一役。学生要主动参与课堂教学，而不是靠教师刻意安排。学生要会学习，主动学习，学生不是教师操纵的木偶。

构建课堂新常态，可否从学生发言之后，教师与学生的反应方式的调整开始？

比"同意"更重要的

一次，观摩一节"综合与实践"活动课 ——"我们身体上的'尺'"。在活动过程中，探讨"一步有多长"这一问题时，教师出示了一幅图（如图 1-1 所示）。一名学生指着图上前脚脚尖到后脚脚跟的距离，介绍这是"一步的长度"。教师在这名学生介绍之后，转身问全班学生："同意吗？"全班学生异口同声："同意。"教师直接指图讲解："一步的长度，是指前脚脚尖到后脚脚尖的长度。"

讲解完之后，教师发现有学生想举手又犹豫不定，便说"好像还有同学有不同的意见？"并示意该学生发言。学生说："一步的长度，不是指前脚脚尖到后脚脚跟的长度，鞋长不算，它是指跨的长度。"教师在图中画了两条线（如图 1-2 所示），语气中透出一股不容再商量的味道："老师再特别解释一下，一步的长度，是指前脚脚尖到后脚脚尖的长度。"

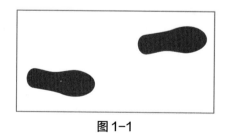

图1-1

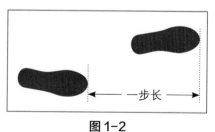

一步长

图1-2

在学生介绍后，教师的处理方式是追问班级中其他学生"同意吗"。这样的追问，在课堂中比较常见。为什么这样追问？有人可能会这样解释：这是教师组织教学的一种手段，这样做能让其他学生关注发言学生的想法并做出"对"或"错"的评判，能促使其他学生参与到课堂学习中。

我认为，对学生想法的评判，不能简单地"同意"了事。因为学生的想法可能是对的，也可能是错的，还可能是对与错交杂在一起的，即部分是正确的，部分是错误的。对学生的想法，可以是教师做出评判，也可以是学生做出评判。评判结果有"同意""不同意"以及"部分同意"（或"不完全同意"）几种，有意见一致（即全体同意或全体不同意）与意见不一致（即部分人同意，部分人不同意）之分。这样一分析，我们发现，这"同意"大有名堂。

不妨再设想一下课堂上的各种情形。如果发言学生所说的内容是正确的，全班学生也"同意"，教师是否就此了事？如果发言学生所说的内容是不正确的，全班学生却都"同意"，教师如何处理呢？不论发言学生所说的内容正确还是不正确，如果有的学生"同意"，有的学生"不同意"，教师又该如何处理？

即便发言学生回答正确，全班学生都"同意"，教师也要了解，是否全班每名学生都真的同意，有没有学生是因为"从众"而"同意"的。法国著名社会心理学家古斯塔夫·勒庞在《乌合之众》一书中指出：个人一旦进入群体中，他的个性便湮没了，群体的思想占据统治地位，而群体的行为表现为无异议、情绪化和低智商。因此，如果学生"不同意"，教师就要弄清学生"不同意"的缘由，了解他们真实的想法。如果学生"同意"，教师还要关注这"同意"是否基于相同的想法，不要让有意义的对话淹没在"同意"的光环之下。

比如，在教学"分数的大小比较"这一内容时，一名学生举例 $\frac{8}{9}$ 与 $\frac{4}{7}$，然后介绍用交叉相乘的方法比较这两个分数的大小。即，$8 \times 7=56$，$4 \times 9=36$，因为 $56 > 36$，所以 $\frac{8}{9} > \frac{4}{7}$。全班同学表示"同意"。

随即，有一名学生补充发言："交叉相乘和通分是有联系的。$8 \times 7=56$，就是通分后一个分数的分子；$4 \times 9=36$，就是通分后另一个分数的分子。通分后的分母是原来两个分母的乘积。$56 > 36$，实际上是 $\frac{56}{63} > \frac{36}{63}$。"

接下来，另一名学生板演（如图1-3所示），展示如何从直接比较两个分数的大小一步步演变成交叉相乘再比较。尽管学生板演中的等号应该删去，但这不影响全班学生对这种想法的理解。

$$\frac{8}{9} \bigcirc \frac{4}{7}$$
$$= 8 \div 9 \bigcirc 4 \div 7$$
$$= 8 \bigcirc 4 \div 7 \times 9$$
$$= 8 \times 7 \bigcirc 4 \times 9$$

图1-3

全班学生对这两名同学的补充报以热烈的掌声。试想一下，如果"同意"之后没有进一步的交流，上面两名学生的想法可能会被扼杀于襁褓之中。

而事实上，恰恰是有的"同意"，有的"不同意"，让学生有了表达不同想法、辩论的空间。正所谓"真理越辩越明，道理越讲越清"。在"一步有多长"教学片段中，面对学生的错误想法，教师的处理显得简单甚至有些粗暴。

进一步思考，一定要让学生"同意"或"不同意"吗？这是一种方式，但不是唯一的方式。值得思考的问题还有很多。

对学生的回答，判断的标准是什么？问题有主观性问题与客观性问题之分。语文中的一些欣赏、评析类问题，往往是"公说公有理，婆说婆有理"，而数学问题大多数是客观性问题，答案往往随着问题就确定了。

谁来评判对错？是教师评判还是学生评判？要视不同教学场景、不同教学需要、不同教学组织的意图而定。

如何组织学生评判对错？是教师指定学生评判还是学生自主评判？何时评判？是及时评判还是延迟评判？……没有优劣之分，适合的，才是最好的。

我们还需要认识到，比评判对错更重要、更有价值的是引导学生弄明白每一种想法，让每一名学生带着思考真正参与到学习过程中。即便是一些"规定性的知识"，教师也要引导学生"讲理""明理"，从而做出判断。比如，上述"一步有多长"的问题，教师可以组织学生思考：从 A 处到 B 处走了 10 步，如果 10 步的步长只算前脚脚跟与后脚脚尖之间的距离，那这里的脚长怎么处理呢？A、B 之间的距离，难道是 10 步的步长加上 10 步中脚印的长度？道理弄清了，对错也就分明了。不能简单地用"同意"或"不同意"来评判对错。比评判更重要的是探讨、弄清道理。

别让举手成为摆设

在一节数学课的巩固练习环节，教师布置了一组题目让学生练习。学生完成之后，教师指定学生汇报思考过程，同时在屏幕上显示该题的解答。接着教师组织全班学生核对："第一题，做对的同学请举手。"一大片学生举起了手。教师接着说："手放下。"学生把手放下了。接下来，教师组织学生交流并核对第二题的解答，"举手、放下"过程重演。

…………

作为听课教师的我，当时在观察学生举手后上课教师是否看了。我看到的是，教师说完"做对的同学请举手"，随后就低下头，忙着操作课件，都没有看学生一眼（即便看了，也一定是快速地一扫而过）。哪些学生举手了，哪些学生没举手，教师知道吗？还有，如果学生的解答出错了，但他"不诚实"地举起了手，教师知道吗？

教师让学生在核对题目的解答后举手，原因不言自明：了解学生做题的情况，获取学生学习的反馈信息。毋庸置疑，反馈的信息需要真实，离开了真实，反馈就不能获得预期效果；反馈的信息需要被接收，未被接收，反馈也就失去了作用与价值。

举手，不应该成为一种摆设。那么，如何让举手这样的反馈方式真正有效呢？

举手之前，教师要注意与学生沟通并达成共识。教学是师生共同完成的活动，不是教师的独角戏。这里的举手，是教师获得学生学习过程中的真实信息，以改进教师的教、支持学生的学的手段与方式。这些话，教师都应当向学生挑明。学生答错了，学生没举手，教师如何对待，这关系到学生下次是否愿意把他真实的学习情况呈现出来。要让学生明白，"闻道有先后"，此时呈现、研讨学生所出现的错误，是为了让学生下次不再出现同样的错误。倘若有错不说，虽给了自己"面子"，其实无助于自己的"里子"，即不能帮助自己理解与掌握所学内容。由此可见，让课堂教学行为的着眼点与教学意图公开、透明是非常必要的。但我们可能会忽略这一点，而认为只要让学生按照自己说的去做就行了，至于为什么这样做，是不必向这些"小不点"解释与说明的。

举手之后，教师要关注到每一个学生。对于举手的学生，教师要认真、细致地注视到每一个，与他们目光相遇，让他们感受到教师的肯定与欣赏。而对于出错的学生，教师要视情况灵活地处理。如果出错人数较多，且具有一定的普遍性，应立即暂停原先的教学预设，及时组织全班集体辨析。如果出错人数不多，且错误是个别性的，则不必组织全班集体辨析，教师可在后续练习过程中，利用巡视的时机，对这些学生进行个别辅导，或者在课后给这些学生开一下小灶。

举手事小，如何对待举手，却是马虎、敷衍不得的。说到底，教师要和学生共同创建真诚、安全、和谐、向上的课堂文化。

对于通过举手获取反馈信息，教师需要进一步反思的是，教师所获得的反馈信息是否真实。

下面是我在二年级一个班听"三位数减三位数"一课时，看到的一名学生所做的部分课堂练习（如图1-4所示）。

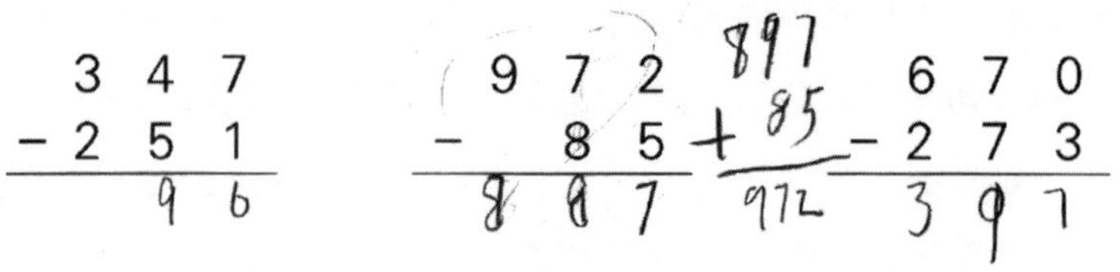

图 1-4

当时，我就坐在这名学生身边，目睹了他解题的全过程。

对"347-251"，他先在得数的十位上写 9，再在个位上写 6。

对"972-85"，他先在得数的十位上写 9，接着在百位上写 7，再在个位上写 7，然后验算（这一题，教师提出了验算的要求）。他先写"797 + 85"的竖式，然后在横线下从百位起依次写下 9、7、2。凝神看了一会儿竖式后，他把加数 797 改为 897。紧接着，他把前面减法竖式中的差 797 改为 897。后来教师评讲并出示这几题的正确算法时，他把差 897 改为 887。

对"670-273"，他先在得数的百位上写 3，再在个位上写 7，然后在十位上写 0。也是后来教师评讲并出示这几题的正确算法时，他把得数 307 改为 397。

教师组织全班学生核对得数时，第一题，这名学生举手了，其余两题，未举手。遗憾的是，上课教师一直未能走到这名学生的身边关注一下他的做题情况。如果不是目击他计算的全过程，我会知道这名学生是怎样得到这些得数的吗？

可见，教师要获取学生真实的反馈信息，有时是非常困难的。我们知晓"正确"背后所掩盖的错误吗？我们能为错误准确把脉吗？我们了解学生真实的思维过程吗？对教学过程中的反馈信息，教师不能主观臆断；对学生的想法，教师不能一概而论。如果教师不能找准学生出错的原因，就不能对症下药，也就很难取得预期的效果。

在集体授课制甚至是大班额的背景下，教师仅靠个人的努力去获取反馈信息往往会心有余而力不足。对于反馈信息，教师不仅要积极地去获取，还要鼓励学生主动向教师呈现，要引导学生主动与教师交流自己的想法。如是，反馈渠道才能更畅通，反馈信息才能更全面，反馈系统才能更有效。

一言以蔽之，获得每一名学生真实的反馈信息，是必要的、重要的，也是非常艰难的、有挑战性的，虽然一时难以做到，但我们心一直向往之。

在我们的课堂教学中，还有很多类似反馈信息的方式和获取信息的行为，我们需要反思类似"做对的同学请举手"这样简单化的操作是否合理。

教师的努力，一定会让教学行为距离目标与愿景更近一些。

"谁能帮帮他？"

　　教师提出问题，然后指定学生回答，这名学生起立后较长时间未作声。教师转问其他学生："谁能帮帮他？"不少学生举手。教师请另一名学生回答。

　　这样的场景在课堂上经常出现。对于"谁能帮帮他"这样的转问，很多教师应用起来驾轻就熟，几乎从不去追问与思考：帮助的是他吗？他需要帮助吗？如果需要帮助，谁来帮助他？怎样帮助他？

　　帮助的是他（起立后较长时间未作声的学生）吗？根据"谁能帮帮他"这样的表达，我们一般认为帮助的对象的确是他。而且，这样的转问的确可以化解他回答不出问题的尴尬。不过，这样的转问也可能是教师换一名学生发言的借口或托词，可以为教学的"中断"解围。因此，帮助的不纯粹是他，也包括教师自己。

　　他需要帮助吗？或者说，是他自己需要帮助，还是教师认为他需要帮助？我也曾在课堂上多次转问"谁能帮帮他"。坦率地说，这样的转问往往是一厢情愿的"拉郎配"，是教师按照自己的意愿安排学生的活动。显然，这样的转问不能让学生生成寻求他人帮助的意识，反而可能让学生反感。

　　学生回答不出问题，一定是有原因的：或许正在走神，并未开始思考；或许正在思考，还未思考完毕；或许思考完毕，一时没有想法。倘若学生并未开始思考，教师则应该提醒一下；倘若学生还未思考完毕，教师则应该等待一下；倘若学生一时没有想法，教师才应该转问他人。不过，原因往往很难被察觉，因此，教师最好征询一下回答不出问题的学生的意见，问其是否需要他人的帮助。如果学生暂时不需要他人的帮助，教师应该允许他再想一想。

谁来帮助他？显然，可以是同学，也可以是教师。当学生一时没有想法时，教师应该转问其他学生或者让他邀请其他学生发言。在其他学生发言后，教师应该再让他陈述自己生成的想法：不是简单地将其他学生的发言重复一遍，而是在其他学生发言的基础上陈述自己的理解。甚至，之后提出相关问题时，教师可以再让他回答，看他是否真正理解了。理解不同于记忆，它不仅仅是用自己的话重述记忆内容；理解涉及对知识、技能及观点的恰当迁移与使用。

怎样帮助他？最简单、直接的方式是告诉他问题的答案。但是，我们是否意识到帮助不等于简单告诉，这样的教学处理较多地表现为教师与学生的对立？通过提出其他问题启发他思考，是一种帮助；询问他为什么不会、困难在哪儿，是一种帮助。甚至，给他时间自省、自悟，是一种帮助；引导他主动、有效地求助他人，也是一种帮助。这样的教学处理改居高临下的"管"为平等互助的"理"，有助于学生对学习过程的自我监控、自我认知。

上述对"谁能帮帮他"的追问与思考是否有些小题大做？我以为，涉及学生学习的命题都不是小题，都不能不顾及学生的想法与感受。而这样的追问与思考是对惯常教学的一种审视，可以让教学多一份敏感、谦虚和严谨、踏实，少一些麻木、自满和马虎、浮躁。

这里，我又想到这样一些场景：数学教学中，教师布置题目，要求学生完成。学生举手发问："老师，要写竖式吗？"教师干脆利落地回答："要！"还有，数学考试前，教师对学生千叮万嘱：计算题要在草稿纸上认真算，口算题也要用竖式计算，不能在计算方面出错、丢分。

对于算法的选择，很多教师习惯于直接告诉学生怎么算，几乎从不去追问与思考：算法的选择由谁决定？为什么要选择算法？

对此，全美数学教师理事会颁布的《美国学校数学课程与评价标准》给出了思考流程（如图1-5所示）。从图1-5中我们可以看出：面对具体的问题情境，应该首先确定是否需要计算，然后根据所需答案的性质，确定运用什么样的计算方法。这给我们的启示是：在解决实际问题时，如果需要计算，应该根据问题对答案精确度的要求以及问题中数目的大小，选择合适的算法。

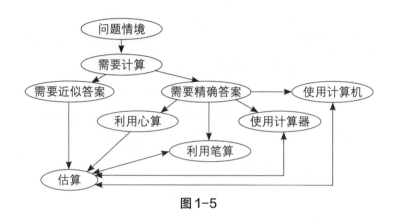

图1-5

我们还要认识到，算法的选择除了考虑问题本身的因素，还要考虑学生水平的因素。对算法的选择，不同阶段的学生要求不同。比如两位数加、减两位数，对一年级下学期学生的要求是笔算，对二年级下学期学生的要求是口算。此外，不同的学生有着不同的计算水平。因此，面对学生对算法选择的发问，教师可以这样回答："你能口算，就口算；口算有困难，列竖式计算。"这样，把算法的选择权还给了学生。

正是这样的追问与思考，让我们对教学中的问题能做出更加专业的回应。教师应当意识到教学的目的是促进学生学习，而不是完成教师的任务。教师要对教学行为多一些追问与思考，少一些习以为常、自以为是。

在"学生的问题"中相遇

这是一节三年级的数学课，教学内容是"两位数乘两位数"。课堂上，教师组织学生自主探索两位数乘两位数如何用竖式计算，然后让学生提出疑问。学生提出了3个问题：（1）两个部分积中第二个部分积前是否要写加号？（2）第二个部分积个位上的0是否要写？（3）用上一行的数去乘下一行的数，还是用下一行的数去乘上一行的数？

面对学生的问题，教师从容地组织学生探讨。下面是解决第一个问题的教学片段。

生1：（指着图1-6中的加号）我想告诉你们，竖式底下是不用写加号的。

$$
\begin{array}{r}
28 \\
\times 12 \\
\hline
56 \\
+280 \\
\hline
336
\end{array}
$$

图1-6

生2：我反驳。如果不写加号的话，人家还以为你会写其他符号呢！所以，我觉得在这儿加号是必须写的。

生3：我觉得你说得不对。因为我发现，这里是10乘上面一个数，乘出来的肯定比上面一个数大，所以这里肯定是加法。

师：暂停一下。这里，大家在讨论什么问题？

生4：刚刚讨论的是，那个加号能不能加。

生5：刚才我们讨论的是，这个加号是否一定要写上去。

（教师分别让认为"要写加号"的学生和认为"不要写加号"的学生举手，这两类学生约各占一半。）

生6：我认为这个加号可以写，也可以不写，只要你能看清楚就行。

师：看清楚什么？

生6：看清楚这里是加。如果你自己不能准确地判定这里是加，你就写上加号。

师：我想，大家应该听明白了。（指着竖式中两次相乘的积）这里的两个数是要——相加。你知道它们相加吗？（学生纷纷点头）那这里的加号，就可以——不写了。通常情况下，这里的加号可以不写。（指着竖式中的乘号）那这个乘号呢？

生：（齐）一定要写。

生：如果不写的话，人家还以为是加法呢！

师：这个乘号是告诉我们，这里算的是什么？

生：（齐）乘法。

从上面的教学片段可以看出，教师面对学生的问题，不回避，也不包办，而是让学生充分展示自己的想法。学生在交流的过程中，加深了对算法的理解。

回想以往的设计，我们一般不会关注这个问题，因为我们觉得这不是问题，以为学生都知道。然而，事实并非如此。

再看第二个问题。我们以往对这个问题往往一带而过，直接告诉学生积如何"对位"以及不要写后面的0。而学生提出这个问题并讨论，便在知晓算理的基础上建立起了理解性的认识：0，写和不写，都是可以的；重要的不是在竖式中写0，而是要明白这个积是怎么来的，它表示多少。

最后看第三个问题。这是由一名学生的竖式算法引发出来的问题。其中的两种算法可分别简称为"上去乘下"与"下去乘上"。我们习惯的竖式计算过程是"下去乘上"。我记得曾看过一本国外的小学数学教材，他们的算法就是"上去乘下"。应当说，这两种算法都是可行的，只是习惯不同而已。我以为，对这个问题的讨论价值在于，进一步理解两位数乘两位数的算法过程，认识与尊重别人的想法。在学习过程中，学生要尊重多元观点，理解别人的想法。要让学生建立这样的认识：和我一样的想法，可能是正确的；和我不一样的想法，也可能是正确的。

在教师的眼中，学生的这3个问题或许都算不上问题，或许他们根本就没想到过。因为在传统教学中，问题是由教师设计并提供给学生思考、回答的。在教师牢牢控制着的课堂教学中，基本不会出现学生的这些问题。我们要意识到，不出现问题，不等于学生没有问题。当教师真正放手让学生思考、探索如何解决问题时，课堂会出现很多预设之外的问题。我们必须正确认识这些问题的价值与意义，从问题中了解学生的思想，分析学生的疑惑。

学生提出这些问题后，教师可能不让学生各抒己见，而是用教师直接回答的方式解答这些问题。如此处理，是让"丰富的过程"演变成"线性的流程"。一旦变成流程，就意味着它会成为封闭式的教案走场，教学过程中生成的丰富的教学资源就会被忽视甚至漠视。这样的教学，不具有充分的发展性，没有意义拓展和价值衍生。

由此来看，问题的提出以及问题的解决，和教师的教学思想有关，和教师设计的教学方案有关，即看教师是从教的角度设计教学，还是从学的角度设计教学。

教师与学生在问题中"相遇"。不要总以为教师设计的问题"高大上"。对学生来说，学生提出的问题比教师设计的问题往往更具有可接受性。交流、研讨学生提出的问题，能激发并保护学生展示自己想法的积极性，让学生在学习过程中获得安全感、自由感、成就感。教师可以从问题中了解学生的学情，及时调整教学预设，提升课堂教学的有效性与生动度。课堂的有效性，源自教师的教与学生的学的贴近。课堂的生动度，更多地来自教师组织下的学生与学生的互动。

类似地，在数学教学中，常常有"改错题"这样的练习。对此教材中往往是有所预设的，但我们更要关注学生生成的具体的、鲜活的错误，及时用学生真实的错例替换教材中预设的错例。

教学，基于学生，为了学生，依学而教，因学而教。面对学生的学习，教师要思考：学生有问题吗？学生的问题是什么呢？探讨这些问题的价值、目的是什么？即使是教师预设的问题，也要先审视一下：这是学生的"问题"吗？波利亚告诫我们："让你的学生提出问题，要不就像他们自己提出的那样由你去提出这些问题；让你的学生给出解答，要不就像他们自己给出的那样由你去给出解答。"

当然，我们也要避免走向另一个极端。学生的问题，不都是"好的问题"。也就是说，教师要对学生的问题进行辨析与甄别，不能不分青红皂白，"眉毛胡子一把抓"。好的问题，应当能够促进学生更好地把握知识的核心，逐步学会数学地思维。

总之，在教学中，教师要少一些"想当然"，少一些自以为是。当教师的思维带上了学生的色彩，达到必要的"学生化"时，教的过程与学的过程自然地融为一体，教学将进入"师生相融，共识共进"的状态。

让疑问自然流淌

观课时，经常看到这样的场景。教师提问："同学们，对今天学习的内容，大家还有什么疑问吗？"全班学生异口同声："没有。"

每次听到这样类似"对口令"的走过场式师问生答，我总会想：教师为何要提这样的问题呢？为何这样的场景会一而再，再而三地出现在课堂上呢？学生真的没有疑问吗？学生何时有疑问呢？是不是等到教师组织学生质疑时，学生才能将自己的疑问表达出来呢？

小孩子常常天真地问：月亮为什么跟我走？太阳为什么从东方升起？狗为什么总追猫呢？在认识世界的过程中，疑问自然而生。可是，他们长大后，伴随着学习，疑问都消失了吗？还是有疑问却不表达了呢？

不可否认的是，孩子年龄小的时候，有着很多"是什么"与"为什么"，他们会毫无顾忌地说出来。随着年龄增长，不是他们没有了疑问，而是他们开始关注他人的目光。他们担心把自己不知道的说出来，会被他人嘲笑。在课堂上，他们常常有所顾虑：教学进行到这里，别人没有疑问，倘若我还有，是不是说明我没听讲啊？我的课堂学习效率低，或者是因为我"笨"呢？有着这样的顾忌与担忧，于是他们就把疑问隐藏于心底了。

学生不问，还因为教师并没有给予学生随时提出疑问的机会。我想起了一个教学故事。在教学同分母分数加减法时，我组织学生课前自主研究、学习同分母分数加减法怎样计算，要求他们在材料纸上写下计算过程、想法以及计算的注意点。学生滕沁芫完成了材料纸上的各个项目，并在材料纸下端的空白处提出了一个问题：分数的乘法、除法，是不是也是分母不变，分子相乘除？学生由分数加减法的计算想到了分数乘除法的计算，大胆地提出了自己的问题。不过，我原初提供的材料纸上没有设计"提出问题"这一栏目。正是"滕沁芫之问"，促使我格外关注学生在学习过程中的疑问。

不知道从什么时候起，学生学会了揣摩教师的教学意图。学生看教师的表情，听教师的话语，揣摩教师的"话外之音"。比如上述教学场景，学生齐答"没有"之后，教师紧接着问："真的没有疑问？"学生或许还会说"没有"。教师再反问："没有？"学生见风使舵，会立即改口说"有"。很多时候，学生有没有疑问，主要是看教师的教学需要。

教师为什么不让学生随时质疑呢？原因很简单，学生突如其来的疑问，会干扰、打断教师原先的教学设计，让课堂无法按教师的预设与意愿进行下去。说到底，课堂上出现了一些"麻烦"。即便一些教师在课堂上让学生质疑，那也是为了装点课堂门面。疑问的表达，变了味，成了教师对学生的"恩赐"。学生不表达疑问，固然有学生自身的原因，但更有教师的缘故。学围绕着教、一刀切式的设计，逼仄了学生学的时间与空间，束缚了学生的思维和智慧，压抑了学生自由表达疑问的兴趣与热情。

疑问与学习相伴，因每个人的认识中存在着空白与困惑而在各自的头脑中生成。疑问具有个体特性。学生有疑问，是学习过程中很自然的表现。学生将疑问表达出来，是深入思考、主动学习的表现。不少教师都熟悉这样一个故事。有一天，哲学家罗素问穆尔："你最好的学生是谁？"穆尔毫不犹豫地说："维特根斯坦。""为什么？""因为在所有学生中，只有他听课时总露出一副茫然的神色，而且总有问不完的问题。"后来，维特根斯坦的名气超过了罗素。有人问："罗素为什么会落伍？"维特根斯坦说："他没有问题了。"我要追问的是，罗素真的没有问题了，还是环境原因或自身原因让罗素有疑不问了？发现问题是不断进步的前提。疑是思的开始，问是行的起步。"学贵有疑，小疑则小进，大疑则大进。"在学生学习过程中，教师既要鼓励学生生疑，更要支持学生把疑问表达出来。

让疑问得到表达，需要教师创设宽松、安全而自由的学习氛围。教师要反思，是学生安安静静地配合教师上课重要，还是他们积极地参与到课堂中，学会主动地交流、批判性地思考乃至不循规蹈矩、不断质疑，给教师添加"麻烦"重要；是教师感觉自己掌控了课堂重要，还是学生不完全在教师的控制下、真正地学习重要。教师，为什么要控制课堂、控制学生、控制学习呢？疑问，只有被表达出来，才能促进疑问的生长和发展。即便当下的疑问很肤浅甚至不当，但这些在教师看来有漏洞、不完美的疑问，恰恰可能孕育与成就未来"×××之问"的精彩。

让疑问得到表达，需要教师建立学生质疑的"绿色通道"。学生有疑问，既要倡导他们通过自己的思考与努力去解决，也要鼓励他们与他人交流、讨论。就质疑的时机来说，课堂上随时质疑是可以的；课后质疑也是可以的，即学生把疑问暂时记录下来，下课后再和教师探讨。我在教学中，倡导每名学生开设"问题银行"。在学习过程中，学生如有问题而缺乏与教师、同学探讨的条件与时机，可及时将问题记录下来，就相当于存进"银行"。之后，在合适的时机提取出来与教师、同学交流。就质疑的方式来说，口头表达和书面表达都是可以的；通过电话、短信以及 QQ、微信等多种方式提出疑问，也是可以的。教师要注意的是，疑问的表达，有时可以在公众场合，有时需要私密空间。所以，应保持质疑问难交流渠道的畅通，少一些类似上述课堂中的"集体行动"，多一些个别化交流方式、个性化教学手段。

山泉在山涧自然流淌，涓涓细流，汇成大海，这是我们向往的景与境。学生的疑问，也应像山泉一样自然流淌。期望在课堂上教师不再向学生集体发问"大家还有什么疑问吗";期盼着学生主动举手 ——"老师,我有个问题……"或者,课后,学生追着教师,递过去一张纸条 ——"老师,我有个疑问……"

让疑问自然流淌出来,让疑问得到表达、生长和发展,也就是教师把思维的主动权还给学生,调动学生学习的主体性、积极性。更重要的是,培养学生的质疑精神。

课尾留疑之后……

观课时，我常常看到在课堂教学即将结束时，教师留下问题让学生课后思考。

我在教学中也常常如此。比如，2001 年，我参加全国小学数学优化课堂教学观摩课评比，在"平面图形的面积总复习"课尾，我设计了一则故事 ——《阿凡提赶羊》。阿凡提把长 10 米、宽 6 米的长方形羊圈改围成正方形，又改围成圆形。通过计算，学生发现：周长相等的长方形、正方形与圆，圆的面积最大。接着，我提出问题："如果阿凡提把羊圈改围成圆形，还嫌小，怎么办？"有学生想出办法：靠墙围。这时，我留下问题让学生课后思考："靠墙围，又怎样围呢？怎样围面积最大呢？"

为何在课尾留疑？

我们惯常的认识是，课堂教学过程是一个释疑、解惑的过程。"完美的课堂教学"就是在下课铃响之前解答了学生的疑惑，让课堂教学画上一个圆满的句号。我以为，如果以传授知识为目的，那课堂往往从问题开始，以答案结束；如果以学生的发展为目的，那课堂往往从问题开始，以问题结束，问题贯穿课堂教学始终。问题，不应止于课堂，而是源于课堂。在课堂上，我们要引导学生在明了旧疑的基础上思考新的、更深层次的问题。课堂结尾，不是画上句号，而是添上问号，要让学生的思考从课内延展到课外，学生的思考不谢幕。

不过，我想追问的是，教师留下的问题，学生课后思考了吗？如果学生课后思考了，教师和学生交流学生思考的情况了吗？

我们看到的公开课，就一节课。之后呢？当年我是借班上的"平面图形的面积总复习"，那个班的学生课后是否思考了我留下的问题，是否和他们的数学老师交流了，不得而知。

我要说明的是，现在我在自己所带的班级上课，如果留下了问题，在后来的数学学习过程中，我是一定会处理的。

教师留疑，是想让学生进入学习任务，让学生充分地想、自主地学。著名数学家陈省身指出："数学是自己思考的产物。首先要能够思考起来，用自己的见解和别人的见解交换，会有很好的效果。但是，思考数学问题需要很长时间，我不知道中小学数学课堂是否能够提供很多的思考时间。"教师留疑给学生课后思考，是想让学生有更充分的时间思考，让学生展开有差异的思考。教师想通过问题，促进学生思考。

课堂应当是开放的，它不是学生学习生活的全部，只是一个组成部分。课堂学习，如果放置于学生的学习全程中考察，也就是一个学习的片段。数学课，通常每天一节，这有点儿像电视连续剧，后一集的开始紧承前一集的结束。只是，电视连续剧每集剧情到哪儿结束，都是预设好的，而课堂学习的"暂停"，是随着学情动态调整的。教师留疑，要与后继的数学学习相关。我们需要有整体教学视野、全局教学思维，综合考虑课内与课外、这一节课与下一节课的关联，即突破一节课的教学来考虑课尾问题的设计。

由此来看，课堂结尾留下的问题是要精心设计的。从思考的内容来看，不应是数学思考指向不明的问题；从问题的难度来看，不应是简单到学生一看就会的问题，也不应是难到学生无从下手的问题。所留的问题，可以是对本节课中某一个问题的进一步研究，也可以是对后续学习内容的前置思考。总之，问题是学生后续学习的引子。

留疑要慎重，对问题的处理也是不能敷衍的。教师留疑，不应是课堂"作秀"之举，不应总是悬而不决、听之任之。如果教师对课尾留下的问题不闻不问，最终学生可能会对此无动于衷。有教师质疑：对课尾留疑的关注，是否说明了教师对学生不放心？我以为，教学中的放手，并不是放任、撒手不管。后续的关注与交流，是为了激励学生更深入地思考。学生如何通过教师课尾留下的问题展开学习，同样需要教师的组织、引导、促进。

当然，对教师留下的问题，处理方式会因为问题本身、学生的思考情况而有所不同。处理方式一，将问题留到下节课集体交流。比如，教学乘法分配律时，课尾我留下的问题是：（1）乘法分配律与乘法结合律有什么不同？（2）应用乘法分配律，有时可以使一些计算简便。为什么说"一些"呢？让学生思考这样的问题，为下节课的学习做准备。下一次数学课，学习内容就是和学生交流、探讨这两个问题。处理方式二，教师课后与对问题有所思考的学生进行个别交流。比如，教学圆的认识时，课尾我将学生曹企元的问题留给全班思考：一个点算一个圆吗？对这个问题，课后我让有想法的学生与我交流，而未在全班进行集体交流。

课尾，教师留疑了吗？留疑之后呢？这些看似细节问题，实则大有乾坤。观课时，我们不仅要关注教师课尾留下了怎样的问题，还要关注课堂之外教师是否对此不闻不问。观摩他人的教学，是为了省察我们自己的教学。莫迪里阿尼说："人最大的劣根性，就是双眼都用来盯着别人和外面的世界，难以自检。所以，我们应该用一只眼睛观察周围的世界，用另一只眼睛审视自己。每个人的心底都应闪烁着一只眼睛，一只不断审视自己的眼睛。"说到底，教师对自己的教学设计负责，其实就是对学生负责。

第二辑

课堂无小事

试教，能否叫停

观课时，常常发现教师在课堂教学进行得很顺畅时，表现从容、淡定、自如，一旦课堂上出现意外情况，则窘迫不安，处理草率，甚至手足无措。上完课后，教师反复解释："今天课堂上的突发情况，试教时没遇到。"

试教，是指在正式上公开课之前，将设计的教学方案在另一个班级试上一下。上过公开课的教师都非常熟悉这一教学经历。

试教的目的有三个：第一，检验教学设计是否合适、是否"出彩"，对教学方案进行推敲、修正；第二，尝试处理公开课上可能出现的各种突发情况，积累上公开课的经验；第三，获得领导、专家与同行的指导。无疑，试教可以提升公开课的顺畅度，增加公开课的观赏性；试教，有助于提升教师的教学水平，促进教师的专业发展。

至今仍清晰地记得，当年我参加全国赛课时上的那节课试教了20多遍。不过，这还不算多的，有朋友告诉我，他参加全国赛课时上的那节课曾试教了70多遍！一节课，试教这么多遍，真可以说是殚精竭虑、精益求精了，在正式上课时，再遇到之前没遇到的新情况的概率已经越来越低了。正式上课时所呈现的"生成"，其实很多都是"预设"，而教学活动则是按照"脚本"演绎的教案剧。曾有一位教师课前呈交给我他即将上课的"课堂实录"，在听课的过程中，我惊诧地发现，他课上的教学活动与课前给我的"课堂实录"几乎完全一致。

公开课，往往被教师视作"面子工程"。试教，体现了教师对公开课的重视程度。试教，犹如舞台表演前的彩排，让公开课多了"表演"的味道，而这已经偏离了课堂的本义。在课堂上，教师和学生相遇、相识，共同分享彼此的想法，共同学习、成长。课堂不是舞台，舞台上的话剧、戏曲可以反复表演，而课堂上的教学却无法重复。当一节课可以复制甚至"工业化生产"时，它一定是有问题的。每一次上课，都是教师与面前的学生共度的唯独的、不可复制的"这一次"。尽管同年龄段的学生有着一些相同的特征，但相同中也有着鲜活的不同。每一节课的学生不同，课堂教学也总在变化中，课堂充满了丰富的可能性。

其实，课堂多一些预设之外，多一些意料之外，呈现的是学生更本真的学习过程与学习表现。这样的教，更贴近学生的学。在这样的课堂上，教师保持适度的紧张，这是一种创造的状态，也是课堂的活力与魅力所在。当一节课都在教师的预设之中时，不仅教师是被束缚的，学生的发展也是受到拘囿的。

每一节家常课都试教吗？显然，这是不可能的。那为何公开课就要试教呢？因为教师想要学生配合自己表演，学生的学服务于教师的教。也就是说，教师内心的想法是，公开课是一场包装出来的表演盛宴。

教师有"试教"，那学生有"试学"吗？当教师与学生真实经历教与学的过程时，无须"试"，不必"试"。

试教，为了谁？有教师说，试教是为了提升教师的教学能力，最终还是为了学生的发展。教师教学能力的提升，试教是必不可少的方式与途径吗？试教，是否以牺牲一部分学生的利益为代价？

试教，能否叫停？让课堂，无论是公开课还是家常课，都回归真实、自然、本来的状态。每一次教学，都是教师的第一次教学。每一次教学，都是教师自己与自己"同课异构"。有不少教师认为"同课异构"是不同的教师就相同的课题在同一个教学研讨活动中执教，用课堂表达各自不同的设计与思考。而我认为，每一次备课、上课，我们每一位教师更需要有自己与自己"同课异构"的自觉。即由与他人"同课异构"转向与自己"同课异构"。"异构"的目的，是通过对同一个课题的教学方案进行比较，构建一种对话场域，促使其优化并走向深刻；针对学情，设计适合并能促进学生发展的教学。成功的课堂教学，是个性化的，可以借鉴却不可照搬。

课堂，可以不完美，但一定要真实。课堂，可以有遗憾，但不能没追求。完美是一种包袱。有点儿瑕疵，有点儿缺憾，会让自己进退更自由，更让追求有了空间、有了动力、有了方向。课堂，和生活一样，是一门遗憾的艺术。我们应该追求的，是把公开课上成家常课，把家常课上成公开课。

1963 年 6 月，江苏省广播师范学校为斯霞老师录制教学实况。在录制过程中，工作人员深深体会到，和斯霞老师合作特别省劲：一不用协助备课，二不必试教，三没有返工，一次就录制成功。录制顺利很重要的一个原因是，斯霞老师所带班级的学生口头表达能力训练有素，语文水平高，理解力强，上课的效果特别好。而这些正源自斯霞老师平时每一节课的积累。冰冻三尺，非一日之寒；水滴石穿，非一日之功。斯霞老师为我们树立了榜样。教师教学经验的积累，教学能力的提升，源自在每节家常课中的实践与反思。比把公开课作为"面子工程"更重要的是把每一节家常课作为"根基工程"；比让别人欣赏你完美的"面子工程"更有价值的是你追求完美的过程。

一句话，当你把每一节课都当作试教时，你就不会再为公开课试教了。

"前测"是把双刃剑

在"图形与变换"复习课的练习环节，教师出示了一份课前调查卷的统计结果（百分比为做对题目的学生所占比例）。

调　查

1. 根据要求在下图中操作。

（1）AB 边为对称轴，画出三角形 ABC 的轴对称图形。……100%

（2）将三角形 ABC 向右平移 8 格。…………………………94.7%

（3）将三角形 ABC 围绕 B 点顺时针旋转 90°。……………52.6%

（4）将三角形 ABC 按 2∶1 放大，画出放大后的三角形。……94.7%

接着，教师组织学生针对全班错得较多的与"旋转"有关的问题进行练习。

我不由得为这位教师"点赞"。与有的教师主观臆断而设计的课堂练习相比，这节课的练习目标更明晰，针对性更强。这样的教学，实现了"可见的教和可见的学"。而这源于教师前测后的统计分析。教师通过前测，可获得更为具体与准确的学生学情信息，继而在此基础上开展更有针对性与实效性的教学活动。约翰·哈蒂在《可见的学习：对 800 多项关于学业成就的元分析的综合报告》中指出：当教师看到学习发生或没有发生时，他们会以精心计划的、有意义的方式进行干预以改变学习的方向，从而实现各种共同的、特定的和有挑战性的目标。

我们知道，在备课时，既要"备教材"，也要"备学生"。备教材，即通过对教学内容的研究，解决"教什么"的问题，做到"有米下锅"。而"备学生"，由于面对的是活生生的学生，并不像备静态的教材那样容易把握，往往容易口头上重视而行动上却难以落实到位。

课堂前测，是指教师在上课之前的一段时间内，通过某种方式对学生进行相关知识和方法的预先测试。前测，是课前研究学生的一种具体的、可行的操作方式。教师可以据此展开教学。

前测，是具有专项性的。对于前测的内容，教师不应该简单地关注学生会不会，而应该更多地关注学生在自然状态下面对"新"问题的思考过程、思考方法以及获知途径。比如，在教学"平行四边形的面积计算"之前，我组织学生完成以下前测卷。

计算下面图形的面积。

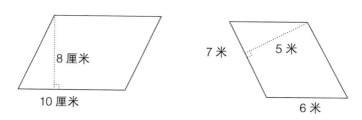

计算平行四边形的面积，我是这样想的：

你知道平行四边形的面积计算方法吗？你是怎么知道的？

前测，可以以专项测试或调查卷的方式进行，也可以融合于学生的家庭作业中，还可以采用游戏、活动等形式。比如，教学"长方体、正方体的表面积"的前一天，我在家庭作业中布置了"求长方体、正方体表面6个面的面积和"的问题，把待学内容的有关问题融合于已学内容的巩固练习中，让学生独立解答，从学生完成的作业中获得学生解决这些问题的信息。又如，教学"认识时、分、秒"之前，教师让学生画一画钟面图，从学生所画的图中了解学生对钟面的认知情况。

不同课型的前测，其作用与目的也有所不同。新授课的前测，有助于教师了解学生对将要学习的新知识、新内容的知晓情况，确定合适的教学起点。练习课、复习课的前测，有助于教师把握学生对已学知识的掌握情况，确定其后的查漏补缺。比如，前述"图形与变换"复习课，根据前测的结果，画"轴对称图形的另一半"，不再组织学生练习；画"旋转后的图形"，组织学生重点练习；而与"平移""放大与缩小"相关的内容，教师则与那些前测时出错的学生进行个别交流与辅导。

前测，是为课堂教学服务的。那么，从学生的角度看，前测有何影响？我们更多地讨论前测的必要性与有效性，是否考虑过前测可能存在负面作用？有的学生可能面对前测中的题目一筹莫展而产生不必要的学习压力，或者在与他人的比较中发现差距而对自己的学习能力产生怀疑甚至否定。

融合在家庭作业中的前测，具有一定的隐蔽性，似乎是"悄悄地来"。以测试、调查卷为形式的前测，则更容易引起学生的关注。当然，以测试、调查卷为形式的前测是需要的。不过，教师要做得自然一些、轻松一些，在前测时要对学生做好解释与说明。

前测卷中，学生出现的一些错误，教师应尽可能在课堂上呈现出来并组织全班讨论。要注意的是，教师要呈现的是错误现象与事实，尽量不要公开是哪些学生的错误。而且，在可能的情况下，教师应主动地与这些学生"私聊"。这种不公开的沟通与交流，有助于减轻学生心理上的压力。教师要帮助学生换一种视角认识各自的错误，即他们的错误是全班共同学习的资源，教师不是要曝光其"丑"，而是要借助其想法展开进一步的交流与学习。

前测，不是一测了之。如何根据从前测中获得的数据进行教学，如何避免前测带给学生伤害，这比前测更重要。

我想起了一次课堂教学经历。在做了"平行四边形的面积计算"的前测后，在课堂上学习"平行四边形的面积计算"时，我发现，在前测时还不知道平行四边形的面积怎样算的几名学生都会了。和他们交流后，我才知道，原来他们在前测时不会，之后就自己看书学习了。也就是说，原先教师通过前测获得的关于学情的信息发生了变化。

由此来看，前测，不仅是教师获取学情的方式与途径，也可能成为促进学生自主学习的一种手段。学生在接受前测后，也就知道了教师即将带领他们学习的内容。这启示我们，在对学生进行前测后，也可以再将前测中的问题留给学生思考，让学生带着思考、带着准备进入后续的课堂学习。

前测，应服务"教"、支持"学"。实施前测时，我们不能仅从教师的角度考虑教学行为，还要从学生的角度审慎地行动，充分考虑前测对后继学习的影响。

如此导入为哪般

这是一节小学数学公开课，教学内容是"圆的认识"。

教室内的屏幕上呈现了课题以及上课教师的姓名。学生入座，教师说："现在开始上课。"接着，伴随着音乐，屏幕上出示了各种含有圆的精美图片。之后，教师问："同学们，知道这节课学习什么吗？"全班学生异口同声："知道，圆的认识。"教师板书课题。

一切如行云流水。

作为听课教师的我，并没有"沉醉"于这般导入中。我在想：如果教师把导入环节全部删除，直接问"同学们，知道这节课学习什么吗"，学生会如何回答呢？

学生可能会回答"知道"，接着说出课题。对"圆的认识"这节课，课前教师一定会让学生准备圆规这一学习用品。学生知道圆规是画圆的工具吗？毋庸置疑，当学生将圆规带进课堂时，他们对这节课的课题已经心知肚明。更不用说，他们课前也许从屏幕上看到了这节课的课题等信息。

学生也可能用摇头的方式表示"不知道"，或者沉默不语。这种情况可能会让教师大呼意外。其实，只要仔细观察学生的表情与眼神，就大致明白原委了。面对教师的提问，学生会看教师的脸色，听教师的语气，揣摩教师的想法，然后再作答。即便学生课前看到了屏幕上的课题等信息，他们也可以装作没看见。

类似这样的导入，我不止一次看到。我想问的是，如此导入为哪般？

公开课上的导入设计，我们的确非常重视。

比如，我在教学"平面图形的面积总复习"这节课时，曾设计了这样的导入方案。课堂伊始，播放某油漆广告，提出问题："用这种漆刷墙，如果告诉你每平方米用漆 1 千克，要求你预算买多少千克漆，那么，还需要知道什么条件？"学生回答问题后，教师引出本课的课题："计算面积时，我们要运用一些基本的平面图形面积计算方法，这就是本节课要复习的内容。"

后来，这节课要参加全国赛课。由于我已经在某个场合公开展示过上述导入设计，于是，我又苦苦寻找"人无我有"的导入新方案。经过持续的思考，某天晚上躺在床上时，我突然想到"拍卖土地"（准确地说，是拍卖国有土地使用权）的事。于是，课堂上，我先呈现一份报纸上的国有土地使用权拍卖出让公告，接着提出问题："如果参与竞买这块地，需要了解这块地的哪些情况？"根据学生的回答，我指出："无论这块地是什么形状的，计算面积都要用到小学里学过的最基本的平面图形面积计算的知识，也就是这节课我们要复习的内容。"

的确，全新打造的导入，让听课教师眼前一亮。有教师如是评价："设计新颖，气势磅礴。"但是，学生感觉如何呢？我不知道。因为我当时关注的是听课教师包括评委的反应，并没有把注意力投射到学生那儿。扪心自问，这样的导入设计，更多的是表演、展示教师之"教艺"，而没有从学生学的角度来思考。

再想想与我们每一位教师日日相伴的家常课。家常课，你的导入环节是如何设计的？

事实上，很多教师在设计家常课的教学方案时，对新授课的教学新课环节，练习课、复习课的练习环节会再三思虑，而导入环节则常常忽略不计。

导入环节的设计在公开课与家常课上的巨大反差，说明了什么？

是否有这样的考虑：从课堂观赏性的角度来看，导入需要"表演"；从课堂实效性的角度来看，导入并不一定要浓墨重彩？

对于导入环节的"繁"与"简"以及"有"与"无"，有教师如是分析：以"圆的认识"一课为例，其导入环节，不仅对揭示课题有作用，而且对后续新课中学生探索新知、理解新知具有支持、支撑作用。

让我们回到原点思考：数学课为什么要设计导入环节？导入环节有哪些教学功能？

导入环节，是指上课之初教师为使学生尽快适应新的教学活动而进行的一定的教学组织、引导过程，是整个课堂教学的准备动作。

导入，能帮助学生集中注意力。俄国教育家乌申斯基说："注意是我们心灵的唯一门户，意识中的一切，必然都要经过它才能进来。"注意是学生进行学习和掌握知识的前提条件。一节课刚开始时，学生往往"身在曹营心在汉"，仍在想上一节课所学习的某些内容或课间活动中的某些事情。因而，教师要通过课始的导入使学生的注意力由涣散趋向集中，统一指向新的学习活动，为新课赢得尽可能多的有效教学时间。导入设计是集中学生注意力的一种方式，但不是唯一方式。或许，教师站在那儿，一言不发，"此时无声胜有声"，组织教学的效果也达到了。

导入，能激发学生的学习兴趣。构成学习动机的成分是多种多样的，其中最直接、最活跃的成分是学习兴趣。当学生对某种学习产生浓厚兴趣时，他们总是积极主动且心情愉快地投入学习。学习，不再是一种负担，而是一种享受。导入环节，教师根据学生的年龄特点和心理特征，运用各种教学手段，创设学生喜闻乐见的教学情境，可使课伊始，趣顿生，学生"一见而惊，不敢弃去"。

导入，能引导学生启动思维。数学教学是思维活动的教学。积极的思维活动是课堂教学成功的关键。上课之初，教师通过场景、情境的设计，让学生明晓学习课题，沟通学生已有知识与新学知识之间的联系，使新课的学习切入学生的经验系统，开启学生思维的门扉，点燃学生思维的火花，从而让学生以"智力振奋的内心状态"进入后继的学习。导入，如同桥梁，联系着旧知与新知；如同序幕，预示着后面的高潮与结局；如同航标，引导着学生的思维活动。

那么，导入究竟为哪般？我的回答是：为了让学生的学习真正地发生。

导入设计，需要教师自觉地从学生视角来思考。不要为了导入而导入，应走出片面的形式追求。从学生学习出发，导入，有时需要一个精彩而又妥帖的情境，有时可以单刀直入、开门见山。

"课堂总结"要总结

　　快要下课时，教师提问："同学们，这节课学习了什么？你有什么收获和体会？"接下来，教师邀请学生发言。学生你一言我一语，完成了课堂总结。这样的场景，在公开课、家常课上比比皆是。

　　一次，我与一位期刊主编交流。她谈道，在看了很多老师的教学设计、教学论文之后，发现课堂总结都是一个样儿，教师提出问题，学生回答，教师所提的问题往往是：这节课我们学习了什么？你有什么收获和体会？再回想我平时所看到的教师撰写的教案，"教学过程"板块的最后一个环节通常写的就是"课堂总结"以及上述两个问题。也就是说，如何进行课堂总结，从理论到实践，保持了一致。从小学一年级到六年级，这两个问题，教师"百问不休"。即便下课铃响了，教师也要和学生如此走过场。总结的话，完全成为一种套话。

　　课堂总结，是"必须"的吗？课堂，为什么要总结？

　　学生通过总结，对全课所学内容进行归纳梳理，把新旧知识联系起来，形成知识结构，促进知识内化。在总结过程中，突出重点，突破难点，起到整理、复习、巩固所学知识以及深化理解的作用，为后续学习奠定基础。

　　上述提问与交流，能起到这样的作用吗？或许，教师并没有思考这个问题。教师在进行教学设计以及实施课堂教学时，考虑更多的是，课堂总结是一节课的一个环节，如果没有"总结"，这节课就会不完整。

　　总结，是学生学习的一种方法。以往在课堂教学的结尾，教师要进行总结。而学习是学生的事，总结应当由"要我总结"转变为"我要总结"。在学习过程中，教师要逐渐让学生自觉开展回顾、梳理、反思等总结活动。总结的内容，要明确、具体，要根据学习内容的不同特点进行总结。在解决问题的教学中，教师要引导学生针对问题本身、解决问题的过程及结果进行反思：解决的是什么问题？是如何解决问题的？是如何收集信息、处理信息的？为什么这样加工信息？分析时是从哪里入手的？解决问题的思路为什么是这样的？我这样做，对吗？我为什么这样做？以后可以这样做吗？在计算教学中，教师要让学生结合自身计算经历谈谈想法。计算正确了，有什么经验，有什么好的做法；计算出现了错误，是什么原因造成的，又有什么启示。我们知道，学生的错误单独依靠正面的示范和反复的练习难以得到纠正，必须有一个"自我否定"的过程，而"自我否定"又以自我反省，特别是内在的观念冲突作为必要的前提。认识错误，追究错因，纠正错误，这都依靠学生的自我调节。也就是说，总结的过程应该成为学生自我认知的过程，要实现由外向内的转变，即由外在的交流言说转向内在的对照反思，让学生对自己的学习做即时性的监控、反省与调节。唯有如此，才有可能让总结发挥应有的作用。

很多时候，教师关注的是如何让课堂总结精彩，而更为重要、更应当关注的是，如何让课堂总结有效。

总结的方式，应该是丰富多样的，而不仅仅是说。比如，有教师让学生用画思维导图的方式总结所学知识之间的联系。说是总结的一种方式，而画和写也是总结的方式。画和写，都是对自己想法的一种凝练与表达。

比如，在教学三年级"分数大小的比较"一课之后，我组织学生对课堂上交流的比较分数大小的方法进行梳理总结，并把它作为当天的作业布置给学生。

下面是一名学生的总结（如图 2-1 所示）。

怎样比较分数大小

我们又要学分数大小比较了，以前我们学的比较分数大小都是有分子或者分母相同的例子，现在分子也不同，分母也不同这可怎么比啊！经过大家的讨论，几种方法如下：

(1)异分母化同分母比较法。

例子：$\frac{3}{8}$○$\frac{5}{9}$

方法：$\frac{3}{8}=\frac{27}{72}$

$\frac{5}{9}=\frac{40}{72}$

因为$\frac{27}{72}<\frac{40}{72}$

所以$\frac{3}{8}<\frac{5}{9}$

变出同分母的最容易方法就是用2个分数的分母相乘。

(2)和1比较法。

例子：$\frac{3}{8}$○$\frac{9}{16}$

线段图

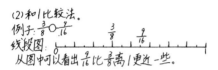

从图中可以看出$\frac{9}{16}$比$\frac{3}{8}$离1更近一些。

(3)中间数比较法。

例子：$\frac{3}{4}$○$\frac{5}{8}$

方法：$\frac{3}{4}>\frac{1}{2}$ $\frac{1}{2}$就是"中间数"，$\frac{1}{2}$是一半，$\frac{2}{4}=\frac{1}{2}$，$\frac{3}{4}>\frac{2}{4}$，$\frac{3}{4}$过一半。而$\frac{4}{8}=\frac{1}{2}$，

$\frac{5}{8}<\frac{1}{2}$ $\frac{5}{8}>\frac{4}{8}$，$\frac{5}{8}$没过一半，所以过一半的$\frac{3}{4}$大。当然，中间数不一定是$\frac{1}{2}$，

$\frac{3}{4}>\frac{5}{8}$ 也有可能是别的分数。

(4)异分子化同分子比较法。

例子：$\frac{4}{8}$○$\frac{2}{6}$

方法：$\frac{4}{8}=\frac{8}{16}$

$\frac{2}{6}=\frac{8}{24}$

因为$\frac{8}{16}>\frac{8}{24}$

所以$\frac{4}{8}>\frac{2}{6}$

跟异分母化同分母一样，最简单的求同分子的方法就是2个分子相乘。

(5)交叉相乘比较法。

例子：$\frac{7}{9}$○$\frac{3}{28}$

方法：$\frac{28×7}{9}$ $\frac{3×9}{28}$ 用第一个分数的分子乘第二个数的分母来"表示"第一个分数，用第二个分数的分子乘第一个分数的分母来表示"第二个分数。

虽然这些方法都是好方法，但是都有使用限度的，同学们使用这些方法时一定要分清楚啊我！

图 2-1

这名学生整理的比较分数大小的方法有：异分母化同分母比较法（三年级的学生，还不知道这样的方法叫"通分"）、和1比较法、中间数比较法、异分子化同分子比较法、交叉相乘比较法。这些方法，在课堂交流过程中都出现过。学生回顾课堂上交流的比较分数大小的方法，然后写下自己的新认识。由此来看，总结不一定都要在课上完成，把总结与作业结合起来，也是一种方式。

在总结的要求上，以往较多的是"求同"，即让学生获得一样的认识、一致的想法。其实，总结更要注意的是"求异"，即要做到目中有人，对不同的学生有不同的要求。如上所述，分数大小的比较，学生能掌握一种方法，应当说就已经达到了基本要求。以往呈现出来的往往是既具有唯一性又具有统一性的"产品"。而现在，学生的总结因人而异，显示出差异性，带有个人烙印，是更多地展现学生想法的"作品"。总结，能促进每名学生对所学内容的认识由片面到全面、由模糊到清晰，并让学生对自身学习进程与状态的认识由无心走向有意、由自发走向自觉。

综上所述，总结是学生学习的一种策略和方法，不应当仅仅把它看成是教师必须展示的一个教学环节。以往的总结，大多是给听课教师看的，而不是从学生学习的角度来设计的。以往的总结，学生说出来的，是教师想要学生说的话。每个学生的发言犹如拼图一样，完成了教师的预设，至于每个学生是怎样认识学习内容与学习进程的，倒不是教师的关注重点。

从学生学习的角度来看，总结，真得"总结"一下。

不该忘却的板书

听完一节课，下课铃响了。回头看黑板，上面一片空白，什么也没有 —— 这节课从头至尾，教师一直在播放课件中的内容，学生看着屏幕学习。板书，被课件替代了。随着多媒体教学手段的广泛运用，这样的现象，似乎有越来越普遍的趋势。

板书，是指教师在教学过程中借助在黑板上书写文字、制表和绘图，来帮助学生理解学习内容，激发学生的学习积极性，提升课堂教学效果的一种教学行为方式。"三尺讲台迎冬夏，一支粉笔写春秋"，这副描述教师工作的对联，鲜明地昭示了板书在课堂教学中的地位。其实，板书在我国课堂上的应用也就一百余年历史。在我国，利用板书进行教学始于 20 世纪初。1902 年颁布的《钦定学堂章程》中已有"应备黑板"的规定。1904 年"癸卯学制"（《奏定学堂章程》）颁布以后，各地相继"广学校"，把我国传统的个别教学形式改为课堂班级教学形式，开始使用黑板，教学板书应运而生。1912 年颁布的《师范学校规程》明确规定，要学生掌握"黑板写法"。1914 年，《视察京师公私立各学校通告书》对雏形的教学板书设计予以嘉许："提示生字于黑板，俾各生轮认以引其注意，尚属得要。"此后，板书成为我国学校教学的重要教学手段，并一直延续下来。在现代化教学手段基本普及的当下，有了多媒体，有了课件，板书，还需要吗？

从教学内容来看，板书通常是教学内容的浓缩。教师通过科学而艺术地加工和提炼，将教学内容的精要之处呈现出来。通过板书，教师可以厘清教学思路，突出教学重点与难点，使教学内容结构化。板书，相当于学习内容的"微缩景观"，有助于学生记忆与理解，也便于学生记录和课后复习。

从学生的学习来看，板书有利于提升学生的学习效果。在课堂上，学生接收信息的渠道基本有两个：一是视觉，二是听觉。在这两个渠道中，通过视觉获得的信息的记忆时间，比通过听觉获得的信息的记忆时间要长几倍。常言道："百闻不如一见。"有关研究资料也表明，在人所获得的全部信息中，听觉占11%，而视觉占83%，其他如触觉、嗅觉等只占6%。板书以文字、符号、图表等具象性手段，将知识、信息等诉诸视觉。它对学生学习效率和学习质量的影响是至关重要的。在教学过程中，学生虽然是"听课"，但不是单纯地听，更重要的是充分发挥视觉的作用，去感知新信息、新材料，调动多种器官去了解知识内容和逻辑系统，从而获得清晰的概念，并在大脑中留下深刻的印象。

从这两方面看，课件似乎也有这样的作用。但与之相比，板书还有着以下三个方面的优势。

一是内容的生成性。无疑，板书应当具有计划性，但由于其书写方便快捷，便于即时性地展现课堂中预设之外生成的内容，教师能够根据课堂教学情况对原先计划的板书内容及时进行调整与更新。显然，这样的"刷新"速度与方式是优于课件的。

二是方式的互动性。板书是教师和学生共同交流的"平台"。教师板书，示范引领；学生板书，展示各自的想法，呈现思维轨迹，提升参与意识，活跃学习活动的氛围，增强学习的主动性与积极性。板书与课堂上的讨论、交流、总结、反思相互配合，相互启发，相得益彰。

三是呈现的持续性。课件逐屏呈现内容，甚至稍纵即逝；而板书能将过程与结果都保留下来，让学生有充分的时间反复"玩味"。

关于板书，需要讨论的不是需不需要的问题，而是如何优化以及创造性地设计与实施的问题。下面谈两则我在教学中灵活运用板书的案例。

一次，教学"圆柱的表面积计算"。呈现例题之后，学生汇报算式，我板书。学生口述时，一口气报出一个长长的综合算式，但我并未完全按照学生所说的内容板书，而是适当分步，并简要标注小标题。同时，我让其余学生注意听发言的学生是怎样说的，注意看老师是怎么板书的。在"听"与"看"的过程中，强化教师的板书与学生的口述之间的差异。这正体现了教师的指导要点。这样的板书，无声胜有声，意在帮助学生认识到解答类似求圆柱的表面积这样步骤较多、过程较复杂的数学问题时，思维要有条理，要注意合理分步，并写上小标题。

上面这次板书，我"不听学生的话"，是有意与学生所言不一致。而下面这次板书，则是我不小心与学生所言不一致，即出错了，但因处理得当，而成为一段课堂"佳话"。

这是一节关于"数字与信息"的公开课。课中，我组织学生给全校一千多名同学编码。学生先独立思考设计方案，再在小组里交流，之后全班交流。

一名学生到前面板演，他写下"0 4 2 □ □"，边写边讲解："我们小组的方案是，用五个数字来表示。前两个数字表示入学的年份，如我们是 2004 年入学的，就写'04'；下一位数字就是班级，如我们在 2 班，就写'2'；最后两个数字则是各人的学号。"

我提出问题："根据这样的编码方案，我校三年级的一名同学，在 6 班，学号是 3 号，怎样编号？"

学生口答"06603"，我板书。在板书"066"时，我写成了"0606"。我当即意识到自己板书出错了。擦了，重写，我可以这么做。但我迟疑了一下，没有擦去重写，而是接着板书。即我板书的是"060603"。

我用手指着板书的编码："请大家看我板书的，和刚才发言的同学所说的，一样吗？"

有学生说"不一样"，我又追问："刚才发言的同学是怎样编码的呢？"

学生发言时，我在"060603"的下面板书"06603"："比较两种编码方式，你有什么想法？"

一名学生回答："应该写'066'。表示班级时只要写'6'，不要用06。"我把学生所说的"6"与"06"用彩色粉笔标注出来。

接着又一名学生发言："我们学校每个年级只有 6 个班级，表示班级时，一个数字就够了。"

第三名学生画龙点睛："编码时，使用数字要简洁。"

我笑了："是的，我们编号要根据不同范围和不同要求来进行，既要准确、唯一，又要简洁。"

评课交流时，闫勤校长对这一段板书的教学处理大加赞赏："贲老师在课中板书时有意出错，让学生悟得编码的特点。"我向闫校长坦白："板书时不是有意出错。但这次'板书事件'，让我认识到，板书大有学问。"

多年前牛津大学出版社出版的《教育学》中有一段话，大意如下。一切直观教具，不论像电影和录像节目那样昂贵复杂，还是如自制的画片和模型那样便宜简单，都具有同样的目的：在学习者的视觉上留下强烈的印象，这种印象将会巩固他经由听觉所得的信息。事实上，所有的直观教具中，要数黑板最普遍、最重要、最灵活，但是也许就因为黑板过于为人们所熟悉，以致往往被忽视或使用不足。许多教师黑板用得很差，还从未探索过它那令人兴奋的种种可能的办法。

"运用之妙，存乎一心。"板书，不该忘却；还不能忘却的是，板书与课件等信息技术手段是兼容的。在实践中，我们要探索它们组合运用的有效性，让我们的课堂散发出更迷人的芬芳。

技术，莫让教师更忙碌

这是一节小学数学课。教师用课件在屏幕上出示了一组口算题。学生看着屏幕上的口算题，独立完成计算，并在作业本上写出得数。之后，教师操作电脑，播放音频文件，报出各题的得数，学生对照、批改。

值得肯定的是，教师采用"视算笔答"的方式让全班学生参与练习，而不像我们常见的那样用"开火车"的形式练习。用"开火车"的形式练口算，即学生按一列中的次序逐题报口算题的得数，往往会出现一人算、其余人旁观的局面，真正全程参与练习的学生寥寥无几。

不过，值得探讨的是，在学生独立完成后，教师是否有必要通过电脑报出各题的答案。这就意味着，教师在课前准备时，需要把各题的得数录制成音频文件，然后制作到课件中。这时，是否可以让学生"开火车"报得数，其他同学核对、批改？无疑，这对教师来说，花费的时间更少，操作起来更简单方便。而且，学生报出的答案若有错误，其他学生也可以纠正，这又让更多的学生对同伴的发言保持关注。

当下的课堂类似这样"杀鸡用牛刀"的现象不在少数。明明可以一说了之，为何要如此大动干戈？原因大家心知肚明。当下的课堂，尤其是公开课，如果不用多媒体课件，好像就过时了。也就是说，一支粉笔和一块黑板的课堂，已经成为传统、保守、封闭、落后的课堂。曾有教师向我抱怨，说他们教育局教研室有一条不成文的规定，即参加课堂教学的观摩评比时，不用课件的课不能被评为一等奖。课件已经成为公开课的"标配"。

技术手段的确改变着我们的课堂。但使用技术手段，恐怕不能盲目地跟风。一节课是否具有现代的意味，并不是由其教学手段、教学媒体决定的。选择教学技术手段，必须遵循容易获得原则、方便学生原则、方便教师原则，即花尽可能少的投入，产生尽可能大的收益。美国大众传播学家施拉姆曾说，如果两种媒体在实现某一教学目标时功能一样，他一定会选择价格比较低的那一种。

2001 年，我参加全国小学数学课堂教学观摩课评比，课题是"平面图形的面积总复习"。课中，我用课件出示了以下练习题。

图形名称	已知条件		面积
长方形	长6厘米	宽4厘米	
平行四边形	底3分米	高1.2分米	
三角形	底3/4厘米	高4厘米	
梯形	上底3.5厘米 下底6.5厘米	高2.4厘米	
正方形	边长0.5米		

学生计算后，我指定学生汇报计算结果。学生汇报时，我操作电脑，表格中相应的空格处就会显示答案，全班可进行核对。然后，我出示了以下续表，引导学生编题：已知圆的半径、直径或周长，求圆的面积。

圆		

别小看我用课件呈现的这组题，其中最后两处空格的"科技含量"可不低。第一处空格，可以随机输入学生所编的条件，如半径、直径或周长的任何数据；第二处空格，可以输入学生根据所编条件算出的数据，并能够自动评判计算是否正确。对这两处空格，两位信息技术教师花费了整整一周才完成技术攻关。如此"兴师动众"，就是

为了展示我的课件具有交互功能。

十年后我再上"平面图形的面积总复习"这节课，仍然用了上面这组题目。不过，我将题目打印在一张白纸上，通过视频展台在屏幕上呈现。计算圆的面积，仍然是让学生编拟条件，然后计算面积。在学生汇报所编条件以及计算结果时，我就用笔记录在表格中。一切，就这样简简单单"搞定"。

同样的数学题，不同的呈现方式，教学效果并没有区别。这提醒我们：面对各种技术手段，是否做到了"不忘初心"？

我又想起了另一段在农村小学工作时的教学经历。当时，五年级的数学教材上有这样一道题：有一台播种机，作业宽度1.8米，用拖拉机牵引，按每小时6千米计算，每小时可以播种多少平方千米？学生对题中的"作业宽度"不理解：他们觉得"作业"就是指平时做的语文作业、数学作业，怎么作业还有宽度？

今天我们在教学中如果遇上这个问题，可以播放播种机作业场景的视频或演示动画，甚至组织学生实际观察播种机作业场景。不过，20多年前的农村，没有播种机，电脑更是闻所未闻。如何让学生理解"作业宽度"呢？我久思不得其解。一次，我在擦黑板时突然想到，黑板擦不就像播种机吗？于是我给学生做了这样一个别出心裁的演示。我先在黑板上迅速用粉笔涂上一大片，然后手拿黑板擦，说道："这好比是播种机。黑板上涂的这一大片就是待播种的地。"学生先是十分惊讶，然后哈哈大笑起来。随即，我将黑板擦按在黑板上，说道："开始播种！"黑板擦慢慢地前进，黑板上渐渐地出现了长方形空白。我指着空白并用彩色粉笔描画出它的短边，说道："黑板擦的长相当于空白部分的宽，也就是播种机的'作业宽度'。"我在学生的笑声中完成了演示，结束了讲解；学生在笑声中理解了"作业宽度"。可以想象一下，在今天，如此演示，效果也一定好极了！

再说一则关于手机在课堂教学中的应用的案例。那是一节一年级的数学课，教师组织学生四人一个小组合作完成操作活动。在操作过程中，教师用手机拍摄了两个小组的活动视频，然后通过视频展台播放，让全班学生共同观看。一段视频显示的是小组成员分工明确，成功合作，有序完成了操作活动；另一段视频显示的则是小组成员没有分工，操作活动时你争我抢、混乱无序。视频播放完了，无须教师赘述，学生都明白了教师的意思。想想，以往可能是教师发现学生小组合作有问题，然后将学生的表现描述出来，学生聆听。这样的说教毫无现场感，往往苍白无力。小小手机，本是通信工具，但其功能齐备，妙用于课堂，点赞！

再想一想，当下，平板电脑进入课堂，教师应当如何应用？这是需要谨慎实验与探索的。千万不能认为，学生人手一台平板电脑，我们的课堂就"高大上"了，学生的学习就"现代"了。

人是技术手段的主人，而不应该被技术手段所奴役。技术应该让课堂更美好，而不是让教师更忙碌。合适的，才是最好的！

从教具到学具

一位教师教学"组合图形的面积",制作了这样一个教具(如图 2-2 所示):用硬纸板剪正方形、平行四边形、三角形、直角梯形和一般梯形各一个,其他图形各有一条边的长度等于正方形的边长,然后用胶带将它们粘连在一起。通过翻折,它可以构成不同形状的组合图形(图 2-3 所示是其中的 4 种组合图形)。

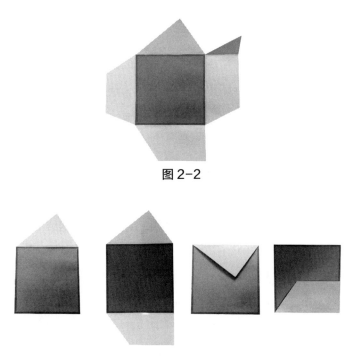

图 2-2

图 2-3

这个教具很有创意,又很实用,取材方便,制作简单。课堂上,教师像变魔术一样，展示了各种不同形状的组合图形，学生轻轻松松就看懂了组合图形的形成过程，理解了计算组合图形面积的思路与方法。

听课教师都对这一教具啧啧称赞。其中一位教师听了这节课后，这样设计自己的教学。课前他先自己制作了一个这样的教具，展示给学生看，然后让每名学生也照样制作一个。课堂上，教师让学生先在小组中翻折，看看能"做"出哪些不同的组合图形，然后说一说求这些组合图形面积的方法。之后，教师请小组代表向全班汇报所"做"的组合图形及其面积的算法。接着，教师组织学生讨论：不同的组合图形，计算面积的思路有什么相同的地方？有什么不同的地方？学生充分经历了组合图形的构成过程，发现了求组合图形面积的两种最基本的方法，并总结为"分一分"与"补一补"。

显然，后一位教师没有简单照搬前一位教师的教学方案，而是借鉴中有创新，将前一位教师课堂上的教具变成了自己课堂上的学具。

教具和学具，都具有直观性与实践性的特点。直观教具与学具的使用，可以使抽象的知识具体化、形象化，从而有效地帮助学生强化感知，形成清晰的表象，透过所展示的现象去认识事物的本质，进而促使感性认识向理性认识跃升。

教具和学具，又是有差别的。教具一般是教师在课堂上演示用的，是为"教"服务的；通常有现成的可用，教师也可以自己制作。而学具是学生在学习过程中实践操作用的，是为"学"服务的；可以是现成的，也可以是教师制作的，还可以是学生自己制作的。

进一步比较，可以发现，教师是教具的操作者，学生是被动的观察者，也许还会沦为"旁观者"。而学生是学具的操作者，人人动手又动脑，参与更深入，体验更丰富。例如，上述"组合图形的面积"的教学中，教师让学生制作学具，就是布置实践性作业。学生在制作学具的过程中，加深了对几种图形的认识。之后，在演示、交流与分析的过程中，学生手、眼、口、耳等多种感官协同工作，积极展开观察和思维活动，主体地位得以凸显。可以说，计算组合图形面积的思路和算法，不是教师教会的，而是学生学会的。

从教具到学具，对教师而言，需要转换教学设计思想，从思考自己怎么用教具、怎么教，转向思考学生怎么用学具、怎么学，即从"教"的筹划转向"学"的考虑。从教具到学具，并不是谁来制作与使用这么简单的变化，它反映的是教师的教学观，是教师是否相信学生能学、会学。

从教具到学具，对学生而言，则是学习状态与学习方式的改变，学生作为学习的创造者，学得更主动、更愉悦、更有成效。

我在教学"平行四边形的面积计算"这一内容时，课前先组织学生自主展开研究学习，课中再组织学生交流。一名学生边画示意图边讲解：把一个平行四边形沿着一条高剪开，然后将其中一部分移、拼到其对边处，就变成一个长方形。

之后，一名学生拿出他课前自己用纸条制作的平行四边形框（如图2-4所示），并把它推、拉成长方形。接着学生进行比较：都是把平行四边形变成长方形，形状变化

图2-4

了，但不变的是什么呢？他们得出这样的结论：如果沿着高剪、移、拼，那么面积不变；如果是推、拉，那么周长不变。这样的问题，原本是由教师抛出来再组织学生探讨的。现在，学生自主研究这样的问题，自制学具，并与全班交流自己的想法，无论是对这名学生还是对班级中的其他同学，其影响力与作用力是不可小觑的。美国著名学习专家爱德加·戴尔发现并提出了"学习金字塔"理论：在金字塔基座位置的学习方式，是"教别人"或者"马上应用"，这可以让学习者记住90%的学习内容。也就是说，学习一些东西最好的方法就是去教。

学生是怎么想到制作平行四边形框这个学具的呢？下课后，我与

这名学生进行了交流。他翻开教材，告诉我是教材上的问题（如图2-5所示）启发了他。当学生不再像以往那样被动地等待教师安排时，他们的学习是积极与自主的；当学生在学习过程中注重联系与比较时，他们的思维是活跃与深刻的。学具，是学习的导火索，是思维的引爆器。

5. 用细木条钉成一个长方形框，长 12 厘米，宽 7 厘米。它的周长和面积各是多少？如果把它拉成一个平行四边形，它的周长变化了没有？面积呢？你能说说这是为什么吗？

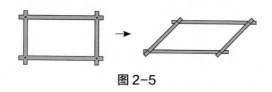

图 2-5

我特地向这名学生讨要了他自制的学具，以后每次要教学这一内容时，我都会把这个学具带进教室。学具无声胜有声，我期待更多的学生看到它之后，产生动手制作的欲念，在接下来的学习中，自主、自动地往前走。布鲁纳认为，教师不仅应当尽可能使学生牢固地掌握学科内容，还应当尽可能使学生成为自主而自动的思想家。这样，学生在正规学校教育结束之后，将会独立地向前迈进。

最后要指出的是，不要把所有的教具都变成学具。适合的才是最好的。使用，也要适时、适度。直观的教具或学具，只是辅助手段，它本身不是目的，重要的是及时引发学生思考，发展学生的数学能力。也就是说，要处理好直观手段与发展学生思维之间的关系。

老师，你看其他学科的教科书吗

这是一年级数学"认识 11 ~ 20"一课的教学片段。

师：（出示计数器，上面的计数单位文字内容被隐去）这是计数器。（在个位上拨上 1 个珠子）现在计数器上的珠子表示几？

（学生回答"1"。）

师：如果是 2、3、4、5，怎样在计数器上拨珠子？

（学生回答，教师分别在计数器上拨珠子表示上述各数。）

师：（在计数器上拨上 9 个珠子）现在计数器上的珠子表示几？几个一？猜猜接下来拨珠子，表示哪个数？

（学生分别回答"9""9 个一""10"，然后教师组织学生回顾。）

师：我们在摆小棒时，摆了 9 根，再添上 1 根，就是 10 根，这时怎么做？

生：把小棒捆成一捆。

（教师组织学生回想之前所认识的"10 里有 10 个一，10 个一是 1 个十"。）

师：在计数器上怎样表示 10 呢？

生：（在计数器的十位上拨上 1 个珠子）这个珠子表示 10。

生：10 的个位是 0，十位是 1。

师：他刚才的发言中有个说法，听出来了吗？

生：十位。

生：个位。

师：（指着计数器上的个位）这是什么？

生：个位。

（教师依次指向计数器上的个位、十位、百位、千位、万位；学生依次口答：个、十、百、千、万。）

师：语文书中有一首儿歌和这有关系。

生：（自主齐背）万片荷叶，千朵荷花，百条小鱼，十只青蛙，一个合唱指挥家。

（教师同步展示语文书中的"识字2"，如图2-6所示。）

图2-6

师：（出示计数器上的计数单位文字）现在看计数器，一起读这里的字。

生：万、千、百、十、个。

师：我们再背一背语文书中的那首儿歌。（学生背诵）有没有发现有一个地方有点儿不一样？（指着计数单位中的"个"）这是"个"，大家刚刚背的是什么？

生：一。

师：（指着计数器）这里的"万、千、百、十、个"表示的是数位。小朋友知道吗，万位上1个珠子表示什么？

生：一万。

师：千位上1个珠子表示什么？

生：一千。

师：百位上1个珠子表示什么？

生：一百。

师：十位上1个珠子呢？

生：一十。

师：个位上1个珠子呢？

生：一个。

师：（指着计数器）同样是1个珠子，怎么这里就是一万，那里就是一千呢？因为珠子所在的位置不同，表示的大小也就不同。

作为听课教师的我，既为一年级学生的学习表现惊叹，也为教师的教学处理叫好。在数学课上，这位教师恰到好处地"借用"语文书中的内容来帮助学生初步认识计数单位和数位。

课后，我好奇地问这位教师："你是怎么想到这样教学的？"他笑了："我虽是数学教师，但常看语文书。当我在语文书中看到这首儿歌时，我觉得数学课上是可以用的。"

通常，课前我们会钻研本学科的教科书：我们可能从一节课的内容延展到一个单元、一本书乃至一套书的内容，有时还会关注小学、中学同学科的教科书，甚至关注不同年代、不同版本的教科书。可是，我们会看其他学科的教科书吗？比如，作为数学教师，你会看语文、英语、科学、音乐、美术等学科的教科书吗？

一个偶然的机会，我在一年级的语文书中看到这样一首儿歌："早晨起床，登上山冈，面对太阳，辨别方向。前面是东，后面是西，左面是北，右面是南。"于是，我把这首儿歌引入二年级数学"认识东、南、西、北"一课的教学中。首先，把这首儿歌改成填空题："早晨起床，登上山冈，面对太阳，辨别方向。前面是（　），后面是（　），左面是（　），右面是（　）。"学生熟练地背出了这首儿歌。接着，我让学生想象自己登上山冈，面对太阳升起的方向，体会前、后、左、右分别是东、西、北、南。之后，我组织学生对儿歌进行改编：

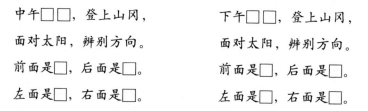

学生想象、填空，边说儿歌边做动作，从单一朝向静态地指认方向到转动身体动态地辨认方向，在一系列活动中充分地认识了现实生活中的东、南、西、北四个方向，学会了根据给定的现实生活中的一个方位来确定其他的三个方位，发展了空间观念。

看不同学科的教科书，对教师来说，可以更全面地了解学生在各科课程中学习了什么，学生已有的知识基础是什么。继而，在教学中也就有了更贴近学生的处理方式。

比如，苏教版《语文》一年级上册有这样一首儿歌（如图 2-7 所示），数学教师如果了解这样的编排，那么，在学生学习"年、月、日"，交流怎样记大、小月的时候，估计就不会认为学生一无所知了。

yī yuè dà　　èr yuè píng
一月大，二月平，

sān yuè dà　　sì yuè xiǎo
三月大，四月小，

wǔ yuè dà　　liù yuè xiǎo
五月大，六月小，

qī yuè dà　　bā yuè dà
七月大，八月大，

jiǔ yuè xiǎo　　shí yuè dà
九月小，十月大，

shí yī yuè xiǎo　　shí èr yuè dà
十一月小，十二月大。

图2-7

又如，苏教版《道德与法治》在三年级安排了"学校平面图""上学路线图"有关知识的学习活动。数学教师如果了解这样的编排，那么在六年级教学"路线图"时，可以如何处理？

社会学家莫兰认为，我们的思维方式让我们在事物被分解开来时看得很清楚，而在它们彼此联系起来的时候却变得很近视。如此"分解"带来的弊端与不足，或许会让我们的教学改革发现另一种路径与可能。在学校中，知识是按照学科来教授的，学科被分成课程或章节，课程或章节被分成若干知识点，每个知识点都被分别处理。关注不同学科的教科书，不仅能让教学设计更具匠心，让教学视野更为开阔，更重要的是，能让教师看到学生是"一个完整的人"。

教师的"谎言"

一位教师执教"有余数的除法"一课。课始，教师出示了一道开放性问题：10 个糖果，可以平均分给几个小朋友呢？

教师让学生用算式表达自己的想法。一名学生发言，教师同步板书：10÷1=10（个）；10÷2=5（个）。该生说到"10÷3"时，因不知道结果，"卡壳"了。这时，另一名学生站起来发言："老师，我知道，10 除以 3 等于 3 个余 1 个。"紧接着，这名学生"指挥"教师板书：写完"10÷3"算式以及等号之后，先写"3（个）"，然后写 6 个点，再写"1（个）"。

教师面对全班学生说："他这样算对不对呢？老师也不知道。不过，没关系，今天这节课我们一起来探讨这个问题。"

"老师也不知道"，这显然是一句谎言。

明明知道，却为何要说不知道呢？教师可能会这样解释："我这样做，是为了激发学生的学习兴趣。"

这样的"谎言"，能激发学生的学习兴趣吗？其实，大多数学生都能看出来，教师是在"骗我们"。当学生都觉得教师所言是"忽悠"时，教师为何还如此想当然呢？

我想到了一件类似的"想当然"的事。教师接手一个新班，开学第一天拿着花名册点名，由于之前未熟悉一下学生的姓名，点名过程中，发现一名学生姓名中的某个字不认识。怎么办？教师不动声色，跳过该生的姓名不点。待全班一轮点名完毕，教师问全班是否都点到名了。这时，那个未被点到名的学生起立，告诉教师自己未被点到名。

教师故作惊讶，问这名学生叫什么名字。该生报出自己的姓名后，教师装模作样地在花名册上找了找，然后抱歉地说"刚才点漏了"。

这一招，很多教师都非常熟悉，也确实管用。而且，这一招的历史已然百年有余，季羡林先生年轻的时候在一所中学里当教师，当时，学校里的老教师就教了他这一招——

我的老师们也并不是全不关心他们的老学生。我第一次上课以前，他们告诉我，先要把学生的名字都看上一遍，学生名字里常常出现一些十分生僻的字，有的话就查一查《康熙字典》。如果第一堂就念不出学生的名字，在学生心目中这个教员就毫无威信，不容易当下去，影响到饭碗。如果临时发现了不认识的字，就不要点这个名。点完后只需问上一声："还有没点到名的吗？"那一个学生一定会举手站起来。然后再问一声："你叫什么名字呀？"他自己一报名，你也就认识那一个字。如此等等，威信就可以保得十足。

这虽是小小的一招，我却是由衷感激。我教的三个班果然有几个学生的名字连《辞源》上都查不到。如果没有这一招，我的威信恐怕一开始就破了产，连一年教员也当不成了。

这是季羡林先生在《那提心吊胆的一年》中的一段真实记叙。他坦诚地告诉我们，有意漏点学生姓名，就是为了保住自己的威信，维护自己的形象。

教师的"谎言"，往往建立在学生不知道的基础上。在互联网时代，面对开放的资源，教师和学生常常是站在同样的起跑线上的。甚者，学生知道的，教师还常常不知道。

那么，上述招数，学生知晓吗？如果那名学生在一轮点名之后，质疑："老师，你点名时把我点漏了，是不是我姓名中的那个字你不认识？"教师如何回应？那真是"聪明反被聪明误"。

教学过程，不应简单地视作教师教、学生学的过程，而应进一步理解为师生互教互学、共享共进的过程。没有"谎言"，教学依然可以不打折扣地进行下去。

上述"有余数的除法"一课，学生在新课学习之前说出了计算的结果，教师可以暂时不做判断，而问学生："刚才的计算结果，对不对呢？经过接下来的探讨，相信每名同学都能做出判断。"

又想起了我的一段教学经历。教学"认识时、分"，在组织学生交流如何辨识钟面上的时针、分针、秒针时，多数学生认为可以从针的长短、粗细、快慢这些方面来区分。这时，一名学生补充道："钟面上，秒针在最外面一层，时针在最里面一层，分针夹在中间。"当时，我愣住了，因为我真不知道他的发言对不对，也未戴手表。随即，我问全班学生："哦，是这样吗？有没有谁戴的手表上有三根针？"几名学生抬起手腕给我看，恰恰他们戴的都是电子表。接着，我如实地告诉全班学生："刚才这名同学说秒针在最外面一层，时针在最里面一层，分针夹在中间。老师此时不知道他的发言对不对，因为老师从没有从这样的角度观察过钟面。我想，今天下课后，我们班的同学和我都会到商场或超市的钟表柜台看一看，确认这名同学的发言对不对。"

那节课后，我真去商场看了，学生的发言完全正确。以至于十多年了，我一看到钟与表，第一反应就是看看是否秒针在最外层，时针在最里层，分针夹在中间。迄今，尚未发现反例。

因为诚实，我有了这样一段有意思的经历、有意义的回忆。

很多时候，面对学生的发言，教师无法当堂说出个"一二三"。我以为，教师应该选择"坦白从宽"，因为我们的教育对象是人，是一个个鲜活的生命体。教师作为同样的生命体，在教育活动中要用一个心灵唤醒许多心灵，用一种人格影响许多人格，用一种热情去温暖许多生命。而这，离开了真实，还可能吗？

作家铁凝在《一千张糖纸》中写道："孩子是可以批评的，孩子是可以责怪的，但孩子是不可以欺骗的，欺骗是最深重的伤害。"教师在课堂上的"谎言"，或许还被美其名曰为"美丽的谎言""善意的谎言"，但我们是否想过，这些"谎言"是会发酵的？如果有那么一天，教师把"真"呈现给学生，而学生却都以为是"假"，那时，作为教师，你将情何以堪？

　　教学，需要真实；教师，应该诚实。真实和诚实，是一种态度，是一种要求，是一种素养。

"出错了!"

一节数学课上,教师出示以下题目:

甲、乙两筐装有同样重量的苹果,从甲筐中取出 7 千克,在乙筐中加入 19 千克,这时甲筐内的苹果重量是乙筐内的 3 倍。问:两筐中原来各有多少千克苹果?

有学生举手:"甲筐不可能是乙筐的 3 倍。"

教师回头看题目:"噢,题目出错了,应该是'这时乙筐内的苹果重量是甲筐内的 3 倍'。"课堂复归平静。

无独有偶,紧接其后听了一节同样内容的数学课。课上,教师也呈现了上述题目,也有学生指出这道题目"出错了"。不过,这位教师的教学处理不一样。

师:(看了看题目,装作不解)怎么错了?

生:甲筐内的苹果重量是乙筐内的 3 倍,这不对劲。

生:从甲筐中取出 7 千克,甲筐变少了;在乙筐中加入 19 千克,乙筐变多了。甲筐怎么可能是乙筐的 3 倍呢?这不合理。

(其他学生频频点头。)

师:有道理。那这道题目怎样修改呢?

生:可以把"甲筐内的苹果重量是乙筐内的 3 倍"改成"乙筐内的苹果重量是甲筐内的 3 倍"。

生：还可以把"从甲筐中取出 7 千克，在乙筐中加入 19 千克"改成"在甲筐中加入 7 千克，从乙筐中取出 19 千克"。

师：这两种改法是否都可以呢？请大家独立思考，分析解答。

（学生再次进入对新问题的思考中。课堂重新步入"正常"。）

通过对比可以发现，第二位教师的处理更显智慧。

课堂上出现科学性错误，属于教学事故，这是评课时起"一票否决"作用的一项指标。无疑，不出错，应当成为一项教学要求。但是，谁又能保证在课堂上一直不出错？

面对出错，我们首先态度上要诚实，心理上要坦然。如第一位教师那样，坦率地承认，"直白"地处理。不要因为出错，而"乱了自己的心"，更乱了自己的阵脚。2016 年全国两会，李克强总理在政府工作报告中指出，要"健全激励机制和容错纠错机制"。这意味着国家层面给改革提供"容错"空间与宽松氛围。当他人能"容我们的错"的时候，我们能"容自己的错"吗？现实中，很多教师担心出错，总希望课堂风平浪静、顺顺当当。为了不出错，教师常常不自觉地就把自己"摆"到了一个不恰当的"高度"，忘了学生才是课堂的主人。

面对出错，我们更要思考的是如何纠错，让教学事故转化为"教学故事"。如第二位教师那样，将错误作为教学资源，变教师纠错为学生议错、纠错。教师要适度"后退"，内心真清楚但外表装糊涂，着眼点与着力点是让学生认识到出错之处，继而纠错，展开更深入的思考。从某种意义上来说，出错倒具有了一定的必要性。比如，有意安插一些有错的题目，让学生学会在做题之前先审题。由此，让学生明白：审题，不仅要读懂题目，而且要辨析题目本身是否有错误、是否有漏洞。

我想起了曾经上过的一节课 ——"平面图形的面积总复习"。我设计了这样一道题目：

书房长 4 米，宽 3.2 米，南内墙刷漆，窗户的面积是 2.8 平方米。算一算，青青的爸爸要买多少千克漆？（每平方米大约用 0.4 千克漆）

课上，所有的学生都是这样列式的：$(4 \times 3.2 - 2.8) \times 0.4$。这道题目其实是缺失条件而暂时无法解答的。因为求南内墙的面积应该用房间的"长"乘房间的"高"，或者用房间的"宽"乘房间的"高"，而题目中并没有告诉我们房间的"高"是多少，根据题目中的条件"长"与"宽"，算出的是房间地面的面积。

当学生列出错误的式子后，我没有说话，而是用彩色笔将题目中的"长""宽""南内墙"圈出来。少顷，学生发现这道题目做不出来，说："老师，你的题目出错了。"我笑着问："是我出错了，还是你们出错了？"大部分学生都很坚定地说："老师出错了，这道题目无法解答。"我反问："谁说老师的题目都是能够解答的呢？"学生不好意思地笑了。

"谁说老师的题目都是能够解答的呢？"没有谁说。但多年以来，我们怎么就形成并默认了这样的想法呢？因为我们入学以后，从小到大遇到的数学题，无论是教材呈现的数学题，还是教师补充的数学题，都是能够解答的。如果题目无法解答，那么题目不就出错了吗？

这让我想起了多年前流传的那个"船长年龄"问题。一位教育专家曾给小学生出了一道题目：一艘船上有 86 头牛，34 只羊，问这艘船的船长年纪有多大。结果大约有 90% 的学生给出的解答是"$86 - 34 = 52$（岁）"。专家在对这些学生进行调查后发现，他们之所以会做出答案来，是因为他们觉得"老师出的题总是对的，不可能不能做"。学生啼笑皆非的解答、众口一词的解释，应当引起我们思考。

回到"平面图形的面积总复习"一课，我设计那道暂时不能解答的数学题，基于两点考虑：一是关注学生的空间想象力的培养，因为在这一问题的求解过程中，学生需要借助空间想象，分析求南内墙的面积需要的条件是什么。二是受到"船长年龄"问题的"刺激"。我期待学生通过这样的解题经历，重建对数学问题的认识：数学问题有结构良好的，也有结构不良的；审题时，要有对题目本身的批判意识。

再说当下，如何让学生具有批判意识与能力，是每位教育工作者面临的一个很现实的话题，也是时代给每位教育工作者的新命题。

"出错"与"用错"给我的启示是，教师既要加强自身专业素养的修炼，也要提高教学技能，增长教育智慧。"对"与"错"皆平常事。有的错误要竭力避免，有的错误要有意为之。面对出错，教师要心态坦然，要机智与灵活地处理。

"视而不见"与"不依不饶"

这是一节公开课。作为听课教师的我，发现一名学生趴在桌上，恹恹欲睡。不过，教师自始至终都没有去关心一下这名学生。这名学生这节课大多数时间都是这样，教师不可能没有看到。那教师为何"视而不见"呢？

原因其实很简单，教师不想让这名学生影响了这节课的教学。他可能认为，去关照这名学生，也就是给课堂教学添麻烦。课堂上，尤其是公开课上，教师都希望一切顺顺当当，不希望有学生捅出什么娄子，横生什么枝节。除非学生主动呈现出来，教师不得不被动接招。也就是说，教师的"视而不见"，是因为课堂上教师要按照预设演绎教案，对预设之外的事件或场景尽可能选择回避。这样的教学依然是以教师自我为中心的，学生只不过是配合教师表演的角色罢了。

对这样的分析，有的教师一定很诧异：这位教师真是这样想的吗？课改这么多年，教师的观念都转变了呀！这让我想起了一件事。前段时间我在一场教师培训活动中上了一节课。

课上，我出示了一组填空题，让学生独立完成。在反馈第一题的时候，坐在教室第三排左起第二个位置的男孩没有反应。

我走过去了解情况，结果看到他什么也没有写。我有些纳闷：怎么回事？他很老到地告诉我："我瞌睡，要睡觉。"可是，看上去他没有丝毫睡意与倦意。我告诉他："抓紧补做，稍后我还要看。"

我想，即便他之前不会，但在逐题评讲之后，他应该能完成这组填空题。逐题评讲之后，全班学生各自订正，我看到他也在写。于是，我又过去了解他做题的情况。本想，他若做对了，便鼓励他一下；若做错了，就指导他一下。

结果让我大吃一惊：他竟然是装样子给我看的，实际上依然一字未写。

我有些生气和不解：怎么这样呢？怎么可以这样呢？当时，我给他撂下狠话："把这些题目做完，不然放学后就不要回家。"他瞬间呈现出欲哭的表情。

我想，他若是能认识到自己的错误，觉得难为情而哭，则是好事；若是将哭作为一种策略，来换取我对他的放任不管，则是不可以的。不管怎么样，学习问题不可一"哭"了之。

也许是看出了我的认真，他开始写了。之后，我发现他对乘法分配律的认识有问题，于是让他下课后留下来。课后，在我的辅导下，他完成了那组题。

或许因为这是一堂公开课，一些教师感到惊讶，觉得我这样做过于严苛了，也有很大的风险。

的确，这样的事情在公开课上是可以"避免"的。教师装作看不见即可；即便看见了，也可以很温柔地鼓励他几句，然后……

我之所以这样处理，是因为我认为，学习是有一定的强制性的；课堂作业就是学生必须完成的学习任务 —— 当然，完成得怎么样，是允许有差异的。而且，我在家常课上也是这样对每名学生"不依不饶"的。我认为，依然按常态课的方式来处理，公开课才具有研讨的意义。这也是一直以来我对自己的要求：把公开课上成家常课，把家常课上成公开课。

每名学生的表现都在教师的视野中。我不能允许课堂上有学生放弃学习。对这些学生，我的要求是：你可以走得比别人慢一些，学得比别人少一些，但你必须往前走，努力学。

有的教师可能觉得，这样处理会对学生的心理造成伤害，因为这个学生都要哭了。我以为，对这样的行为放任不管，才是对学生更大的伤害。因为伤害一个人最厉害的方式，不是骂他、打他，而是对他"视而不见"。当然，也许还有更好的处理方式，这也是我在思考的。

教人求真，自己要真；教人唯实，自己要实；教人诚恳，自己要诚恳！教师，不能放弃每一个学生，而且要从每节课做起，无论是公开课还是家常课。

所幸的是，更多的教师对此表示赞同。正如一位教师所说："较真儿，体现了贾老师的求真求实。贾老师在课堂教学中，不是走'教案'，而是为了学生的发展，关注每一个学生，真正通过教促进学生的学。"

坦率地说，我能理解但不能接受前述那节课中那位教师的举动。教师平时口口声声地说"教学要面向全体"，可到了实践操作这个环节，怎么又不去做了呢？

在日常教学实践中，我们发现，课改这么多年下来，许多教师表层的教育观念有了一定的提高与改善，但是深层的教育观念，特别是教育行为，还缺乏实质性的转变，知行分离、言行脱节的现象还相当普遍，导致很多课堂"涛声依旧"。也就是说，教师的教育观念具有非常明显的保持现象，具有很强的"自我保护性"和"惰性"。

有研究者曾指出，教育观念的改变是跟随于而不是先行于行为的转变的。对此，我深有同感。

作为教师，我们需要做的、可以做的就是立足于课堂，实实在在地实践，认认真真地思考。有许多理念耳熟能详，但真正落实到课堂实践中时，可能会让人无从下手。实践的路，需要我们一步一步去摸索。同时，我们需要结合实践，感悟并逐步内化"外在的观念"，使其真正成为教师"自我的观念"。

　　作为教师，我们对自己的言行不一致也不能"视而不见"，恰恰需要"不依不饶"。

"到位"与"越位"

　　这是我观摩的一节小学六年级的数学课上的"教学事件"。这节课的教学内容是"解决问题的策略 —— 转化"。课中，教师出示了以下二元一次方程组，让学生独立思考后求解。

$$\begin{cases} x+y=35 \\ 2x+4y=94 \end{cases}$$

　　这让许多听课教师大吃一惊。我们都知道，"二元一次方程组"是初中的学习内容，"下移"给六年级学生，是否"揠苗助长"？这样的教学是否"越位"了呢？

　　这让我想起了前些日子我上的一节数学课，教学内容是"圆锥的体积"。课前，我让学生以"圆锥的体积"为题，自主展开研究学习。由此，我了解到了全班学生的学习情况：全班 42 名学生，都已知道圆锥体积计算公式，都知道教材中的操作实验 —— 用圆锥装水或沙子倒入等底等高的圆柱中，3 次倒满。课中，一名学生指出：这样的操作实验很难正好 3 次倒满，可能在倒了 3 次后还要再倒入一点儿。有学生接着解释：这是操作实验过程中的误差。接着，学生李广威展示并介绍了他在课前所做的研究 —— 推导圆锥体积计算公式（如图 2-8 所示的"证明"部分）。他的想法是，将圆锥横截成若干份，将每一份都看作圆柱，然后推导出圆锥的体积计算公式。

圆锥体的体积
研究学习
（版权所有：李广威）
2014年3月2日

一、实验．
　实验材料：一个圆锥形容器，一个与其等底等高的圆柱体，水．
1. 将圆锥灌满水．
2. 将水往圆柱里倒．
3. 重复以上两步，直到圆柱里水满为止．
　结论：任何一个圆锥都是与它等底等高的圆柱体积的 $\frac{1}{3}$．

二、证明：极端思考
　　　　利均匀，每份高 $\frac{h}{n}$

第一份：$\pi r^2 \times h \times \frac{1}{n}$　　　$= \pi r^2 \times h \times \frac{1}{n^2}(n-0)^2$

第二份：$\pi \times h \times \frac{1}{n} \times (r - \frac{r}{n})^2 = \pi r^2 \times h \times \frac{1}{n^3}(n-1)^2$

…

第n份：$\pi \times h \times \frac{1}{n} \times (r - \frac{n \cdot r}{n})^2 = \pi r^2 \times h \times \frac{1}{n^3} \times (n-n)^2$

相加：$\pi r^2 h \times \left(\frac{1}{n^3} \times [n^2 + (n-1)^2 + (n-2)^2 \cdots + 2^2 + 1^2] \right)$

公式：$[1^2 + 2^2 + \cdots + (n-2)^2 + (n-1)^2 + n^2]$

　　　$= \frac{1}{6} \times n \times (n+1) \times (2n-1)$

$\therefore \frac{1}{n^3} \times \frac{1}{6} \times n \times (n+1) \times (2n+1) = \frac{1}{3}$

$\because$ 因为n无限大，所以 $(n+1) = n$

$\frac{1}{n^3} \times \frac{1}{6} \times n \times n \times 2n = \frac{1}{3}$

得出结论，圆锥体积是圆柱的 $\frac{1}{3}$．

图 2-8

注：$\frac{1}{6} \times n \times (n+1) \times (2n-1)$ 应为 $\frac{1}{6} \times n \times (n+1) \times (2n+1)$；$n+1=n$ 应为 $\frac{n+1}{n} = 1$，$\frac{2n+1}{n} = 2$。

　　毋庸置疑，李广威的思路与方法，已经远远超越教材对六年级学生所要求的学习水平了。不过，班上的同学听得津津有味。当然，我也清楚地知道，不是每一名学生都能完全理解李广威的推导过程，但他们都能感受到推导圆锥体积计算公式，不是仅有教材中的一种思路与方法。当时，我所做的是，在李广威与全班交流之后，引导学生感受圆锥可以这样"切分"，并把每一份都看作圆柱，再推导圆锥的体积计算公式。

这样的教学是否也"越位"了呢？

越位，本是足球运动规则的术语。借用到教学中，"位"指什么呢？大概是指对全班学生学习水平的统一要求。这里的"位"，是教师依据课程标准以及教材的编写对学生的发展目标所做的一种推断。

我们知道，学生之间的差异客观存在。在教学中，如果我们无视学生之间的差异，用一种统一的标准、模式去限制原本丰富多彩、各具特点的个体发展，将不同的学生用同一目标、同一模式塑造成同一规格、同一类型的"产品"，教学活动就会造成对某些学生个体的不公平和不公正，这是与现代教学的基本精神相背离的。

公平与公正的教学，应该是促进每名学生在各自原有的基础上得到尽可能大的发展。学生不是"齐步走"，而是以各自的"节奏"与"速度"从原有的起点向前走 —— 在一个班级中，一部分学生往往会走得快一些，一部分学生则会走得慢一些。教师所要做的是，让能"走五步"的学生不必机械地和全班其他同学一齐"走三步"；而对那些眼下只能"走一步"甚至"走半步"的学生，允许他们一时不到位、慢慢走，一个阶段后达到"走三步"的水平。学生能走多快，我们就允许他们走多快；能走多远，我们就接纳他们走多远。也就是说，全体学生"下要保底"——达到课程标准所规定的发展目标，而这样的保底也不是靠"课课清""天天清"的方式"逼、压"出来的；"上不封顶"—— 可以并且应该获得各自最大限度的发展，实现"个体的自由充分发展"。

我想起了苏霍姆林斯基的一段告诫 —— 学习上的成就本身就是一种相对的东西。对一个学生来说，"五分"是成就的标志；而对另一个学生来说，"三分"就是了不起的成就。我以为，这样的发展格局，正体现了和谐之美。和谐是什么？和谐就是对多样性的一种宽容、一种融入。

从完成教学任务、达成教学目标来看，"位"在那儿，是预设的、静态的、呆板的、整齐划一的。教师要把握的是，让学生"到位"。但学生所到的"位"又是生成的、动态的、灵活的、因人而异的。班级不同，"位"就有所不同；不同的学生，有着不同的"位"。当我们从教师施教的角度思考如何确定教学目标、如何把握教学过程时，"位"可能就是统一而格式化的、生硬的甚至僵化的。这是打着"规范"旗号的简单化、教条式的教学处理方式。当从学生学习的角度思考学生"到位"这一教学问题时，我们的思想与行动也就"开放"了。对照预设的"位"，如果有学生"越位"，那也是可以的；因为学生的学习进程并不是整齐划一的。而教师，不应也不能简单地对全班做统一的、带有强迫性的要求。

无论是观课还是上课，当我们关注甚至纠缠于一些教学"事件"和"问题"的时候，我们需要跳出来，重新审视课堂并追问：我们的课堂教学，是促进了学生的发展，还是拘囿了学生的发展？是控制了学生，还是解放了学生？

由此，我又想到上述那节课，如果学生在这节课上提出解二元一次方程组这样的问题，并指出可以把它转化成一元一次方程来解答，是值得称赞的。而如果教师直接出示这样的问题，并让全班学生都求解，这就需要讨论了。

总而言之，在教学中，教师要"到位"，学生可"越位"。强调"到位"是没有错的，而一味地、强制性地要求所有学生"同时到位""一步到位"，是不妥当的；"越位"是可以的，而由教师拉着、拽着学生"越位"，是需要商榷的。

说说鼓掌这件事

　　说到课堂中的鼓掌，我们并不陌生，很容易想到这样的场景：一名学生回答问题，回答得比较好，教师请全班学生掌声奖励。于是，全班学生"啪啪啪"鼓掌三下，甚至，三下之后还有一句异口同声的称赞："你真棒！"

　　或许，我们觉得这样的鼓掌方式太机械。当我们觉得这样的鼓掌方式有缺陷与问题的时候，不能停留于感觉，而应从感觉出发，走向思考。我们是否思考过：课堂上，为什么鼓掌？怎样鼓掌？鼓掌有什么作用？鼓掌要注意什么？

　　鼓掌虽是一种手势，却有着深厚内涵，它是人与人之间交流的一种方式。说到鼓掌，我们很容易想到剧场的演出礼仪。演员登场演出，观众送上掌声，既是欢迎，也是鼓励；演员演到精彩之处，观众再次鼓掌，既是喝彩，也是致敬；演员退场演出结束，观众报以掌声，既是欢送，也是感谢。鼓掌，是台上演员与台下观众的积极互动与沟通。

　　课堂不是剧场，但我们同样可以从鼓掌入手，构建积极互动与沟通的课堂礼仪文化。20多年前，我看了特级教师邱学华的一节数学课的教学实录。在课堂上，邱老师十分注意组织学生把掌声送给同学。有专家评析道："邱老师的课堂，在学生鼓掌中，建立了互惠性的师生关系，建立了课堂礼仪。"的确，适当的鼓掌是一种鼓励，也体现了对学生发言的尊重与称赞。

　　对于课堂上何时鼓掌，我与学生有这样的约定：学生到讲台前与全班交流时，全班鼓掌欢迎；学生讲解结束回座位时，全班鼓掌欢送。对此，曾有人和我探讨："这样，课堂上的掌声是否太多了？"我说："从旁观者的视角看，我课堂上的掌声比以往课堂的多多了。不过，具体分摊到学生个体，掌声并不多。"如果在现场细细观察获得掌声的那些学生的表情，你会发现：他们看似波澜不惊，欲喜还羞，但内心泛起的涟漪，足以让人相信鼓掌会对其后续学习产生正向激励。我们要防止鼓掌泛滥的现象，但不应当从教师的感受与理解出发做出判断，而应当从学生学习与成长的需要出发，更加合理、有效地发挥鼓掌的功能。

课堂上的鼓掌，不仅可以传达鼓励与感谢的信息，而且可以作为反馈教学信息的手段与方式。学生发言后，其他同学发现不完整，可以补充；发现不正确，可以纠正；感觉不明白，可以提问或者要求他再讲一遍；感觉特别好，可以鼓掌。这里的鼓掌，实际上表达了学生对同伴发言的反应。学习发言时，固然，教师要倾听，把握发言的要点，并做出评判。不过，一直是教师判断，就容易形成教师"一言堂"、教师"说了算"的局面，使其他学生陷入被动学习状态，比如，教师要求鼓掌，学生才会鼓掌。因此，其他学生也要倾听，要辨析发言的内容，发现发言的精彩之处，并自然（合情合理）地通过掌声表达肯定，更深入地参与到互动学习的过程中。

由此说到上面的"啪啪啪"鼓掌三下，其实就是对同伴发言的认可与欣赏。只是，这样的行为不应由教师强制执行，而应当由学生自发产生，也就是让每名学生自主表达。因此，课堂上的鼓掌不应要求整齐划一，打出节奏，这会让学生盲目跟风，甚至敷衍了事。

在教学中，我发现，鼓掌还具有提醒功能：上课时，有学生走神了，其他学生一鼓掌，恰恰给了他提醒，把他拉了回来。这一点倒有些"无心插柳"的意味。课堂上鼓掌的更多功能还需要我们不断去认识与发现。

由此想到美国中部地区教育实验室开发了一份课堂教学反思问卷，用来帮助教师简单判断自己的课堂是否"以学生为中心"。问卷共有 25 个题项，具体如下。

1.我尽可能地向每个学生表达我对他们的欣赏。

2.我允许学生展示他们独特的想法和信念。

3.我教给学生组织学习材料和内容的各种策略。

4.只有当学生表现出很难完成作业的时候，我才会考虑换一个作业。

5.对那些对自己的学习表现不够自信的学生，我会给予他们鼓励和信心。

6.我给学生提供一些机会让他们学习如何采纳他人的观点。

7.我帮助学生明确他们自己的兴趣和目标。

8.我会将学习成绩不同的学生划分为一组。

9.我向学生表达我对他们的关心。

10.我鼓励学生勇于在学习中挑战自己。

11.我帮助学生将新知识与已有知识以一种更有意义的方式建立联系。

12.我鼓励学生表达他们对不同学习方式的喜好。

13.当学生拥有超乎他们平时水平的表现时，我会表现出对他们的赞赏。

14.我帮助学生理解不同的观点。

15.我会规划一些帮助学生理解如何反思他们的思维方式和学习过程的活动。

16.我教给学生如何应对影响他们学习的各种压力。

17.我帮助学生重视他们自己的能力。

18.我鼓励学生在学习中反思。

19. 我鼓励学生监控自己的思维方式和学习过程。

20. 我知道我的每一个学生的背景和情况。

21. 我帮助学生建立一种课堂归属感。

22. 我要求学生倾听并思考同学的观点，即便他们可能并不同意这些观点。

23. 当学生在学习中表现出很大的困难时，我能够调整我的教学。

24. 我尊重我的学生，并让他们感受到这种尊重。

25. 我会安排一些让每个学生都会觉得有些挑战的学习活动。

这 25 个题项所描述的课堂行为，都是课堂中的"事"。正是这一件件"事"反映了教学行为的倾向性以及背后的理念。当我们对每一种行为、每一件事情都十分在意时，课堂的气象、格局就会变得大不一样了。那正是我们的期待。

第三辑

课堂的另一种解读

学生会了吗

这是二年级的一节数学课，教学内容是"使两个数量同样多"。教师用图片呈现拔河比赛的场景：甲、乙两队拔河，甲队有 8 人，乙队有 12 人。然后教师提问：这样的比赛公平吗？学生回答"不公平"。教师再问：怎样让比赛公平呢？学生你一言我一语，说出了三种方法：(1) 甲队增加 4 人；(2) 乙队减少 4 人；(3) 从乙队调 2 人到甲队。学生所说的这三种方法，正是这节课即将学习的内容。

教学至此，这节课才刚开始了一会儿。但学生的表现，让听课教师当时就感叹：这节课的内容，学生不学就会了。

类似这样的现象，在小学数学课堂上比较常见。

我们可能都熟悉这样的场景 —— 一年级新生在家长的陪护下到学校报到，家长们很"自豪地"告诉教师：我的孩子已经能熟练计算 20 以内的加减法了，我的孩子 100 以内的加减法都会计算了……

也许我们会觉得，一年级数学教材中所安排的很多学习内容这帮孩子都已经会了。真的是这样吗？那年 9 月 1 日，开学第一天的数学课上，我对刚入学的一年级一个班的学生做了一项测试。测试题目是从上一年的一年级第一学期数学期末考试试卷中抽取的"直接写得数"和"解决问题"两项。参加测试的学生共有 47 人。测试的结果是，有 14 名学生这两项题目解答全对，其他学生也仅出现一些小的差错而已。看来，家长陈述的是事实。

面对这样的现实，教师该怎么做？我以为，教师需要用自身的专业素养对"学生会了"做出分析与决策。

学生会了吗？就具体班级而言，是不是班上所有的学生都会了？其实，更多的情形是，班级中部分学生会了，部分学生还不会。正如上述开学第一天的测试中，全对的学生大概占三分之一，出错的、不会的学生大概占三分之二。在教学中，我们不能一叶障目、以偏概全，用一部分学生的"知道"屏蔽另一部分学生的"不知道"，用一部分学生的"清楚"掩盖另一部分学生的"不清楚"。学生之间的差异客观存在。学生之间的差异，是课堂上交流学习的条件与基础。如果有部分学生不会，教师是否可以在课堂上组织学生与学生的互动交流？学生之间的互动交流不就是教学活动吗？并不是所有的教学活动都依赖于教师与学生之间的互动交流。学生之间的互动交流，可以获得双赢。"兵教兵"，带来的是"兵强兵"。知识，在交流中实现共享、增值。

学生会了吗？就学习的程度而言，学生表现出来的"会"，是否已经达到了这节课所预设的认识、理解与掌握水平？其实，很多时候，学生所表现出来的"会"，往往是对结论性知识的知晓，只知其一而不知其二，知其然而不知其所以然。正如前述"使两个数量同样多"这节课中，用学生所说的三种方法确实都能解答这道题目，不过，他们还需要认识这三种方法之间的联系，并进一步认识到这三种方法都是抓住"相差数"来思考的。在数学学习中，学生不仅要解决问题，更要学会如何解决问题。以前者为出发点，注重的是解决问题的结果；以后者为出发点，注重的则是解决问题的过程与方法。由此可见，"使两个数量同样多"这节课，不是学生解答正确就完事了。

再说一例。在三年级，要教学"长方形、正方形的认识"，而在一年级，学生就已经直观地认识了长方形、正方形，甚至在幼儿园，不少孩子就已经整体地辨识了长方形和正方形 —— 他们"会了"，这节课怎么上呢？

荷兰学者范·希尔夫妇将几何思维发展划分为五个阶段：直观水

平，描述分析水平，抽象、关系水平，形式演绎水平，严谨水平。显然，在这节课之前，学生对长方形、正方形的认识基本属于"直观水平"。因此，这节课上，教师要引领学生发展认识，从"直观水平"走向"描述分析水平"。也就是说，这节课之后与这节课之前学生对长方形、正方形的认识处于不同层次的水平。

这节课上，在认识了长方形和正方形的特征之后，教师出示以下题目：

下面的图形中，哪些是长方形？哪些是正方形？

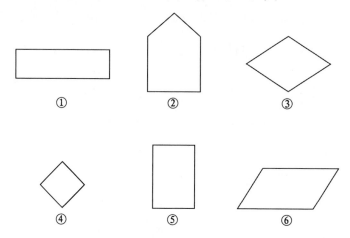

这样的问题，在一年级，学生就能解答了。在三年级，不同之处在于要说清楚为什么它是长方形或正方形，为什么它不是长方形或正方形。而这恰恰要应用这节课上所认识的长方形、正方形的特征来作答。在解释的过程中，学生初步感受到：要判断一个图形是长方形或正方形，需要它符合长方形或正方形的所有特征；而要判断它不是长方形或正方形，只要它有一点不符合特征就可以了。

看来，在学习的不同阶段，对"会"的要求与定位是不一样的。学生会了，再学习，这也说明学生的学习需要必要的反复。而这样的反复，体现为学生的认识、理解水平呈现一种螺旋式上升的过程与状态。

由此可见，面对学生的发展，面对教学，教师做出任何判断，都不能草率、想当然、跟着感觉走。作为教师，我们需要用自己的理性精神、职业操守、专业素养，分析学生学习的现实，厘清教学内容的价值，研制课堂学习的目标。借用那句话，"有理走天下"。

这节课，上完了吗

这是一节公开课。课尾，教师说："今天要讲的已经讲完了，同学们回去做一做课本上的习题，巩固一下。"话音刚落，下课铃响了。

听课教师啧啧称赞，有的拍手叫绝。

预设的教学内容全部完成，下课铃恰好在这时响起来。这样的场景，是许多教师做梦都在想的。

我们的学生也期望教师能准点下课。有教师曾做过一项问卷调查，题目是："你在学校里，最怕的是什么？"教师的预想是，学生最怕挨老师的批评。可调查结果却出乎意料，大部分学生的回答是"最怕老师拖堂"。

我们的家常课，常常会因为种种原因而拖堂。

有一次数学课，因为讨论一道题目，我拖堂了。刚下课，学生姚瑶就跑到我身边："贾老师，我从《扬子晚报》上剪了一份资料，给您。"随即，他递给我一份剪报。剪报的内容，是关于南京市教育局出台《南京市中小学教师礼仪规范》的一篇报道——《上课手机响视为教学事故》。剪报上，姚瑶还用红笔画出了一部分内容。姚瑶指着其中的"不拖堂"几个字，振振有词："贾老师，报纸上说，不得拖堂。"旁边几名男生插话："《金陵晚报》《南京晨报》上也有这条消息。"

我明白姚瑶的意思。他是用这样的方式提醒我，下课时间是他们的休息时间，希望老师不要拖堂。我点点头，学生说的是对的。然而，当时我也有些委屈：拖堂，不就是因为课没上完，不都是为了你们好嘛！

由此，我想到：判断一节课是否上完的依据与标准是什么？是这节课预设的教与学的内容，在40分钟内是否完成了？一节课，教学任务的多少，教学容量的多少，由谁来决定？毫无疑问，大家都觉得，应由教师决定。因为教案是教师撰写的。不过，再想一想，似乎也不是由教师决定的。以小学数学为例，每课时的教学内容安排，在与教材配套的教师用书里都写得很清楚。比如，第一课时，教学例1，完成"练一练"，完成练习第1至第5题；第二课时，教学例2，完成"练一练"，完成练习第6至第10题。然而，在教师用书里，说明每一课教学任务的文字上面，写的是"教学建议"，不是"教学规定"。我们为什么视"建议"为"规定"，不敢越雷池一步？

过去的课堂，教师讲授知识点，讲完后学生练习，课堂上完成哪些内容，完全是教师控制着的。课前预设的教学任务，以或显或隐的"填鸭式"，在教师的操纵下得以完成。教师"心中有书"，却"目中无人"，学生亦步亦趋、机械被动，课堂也就毫无生机、活力与挑战。

学习是学生的事。在以学生为主体、以学习为中心的课堂上，课时教学任务，不再简单地由教师说了算，而是根据学生的学习状态、学习水平和学习实际来安排，教师在实施的过程中相机灵活地做出调整。

课上到哪儿结束？曾经的我，在公开课上是这样设计的：新授课的巩固练习，通常设计若干题目，这些题目，可以两题一个组合，也可以三题一个组合，还可以五题一个组合。完成不同组合的练习，所需要的教学时间是不同的，这样就形成了不同的教学预案。课上，在新授环节结束的时候，看一下课堂已用时间，然后根据剩余的时间灵活启用课前的教学预案，做到下课铃响的时候，"上完"预设的内容。

这样的教学处理方式，考虑到了学情，并依据学情对教学安排做了调整。但是，这样的教学处理，依然有"作秀"心理的支撑、"表演"痕迹的流露。

后来，我是这样处理的：一节课上到哪儿就在哪儿结束；随着课堂进程，下课铃响就结束。而原先预设了但在这节课上没有完成的内容，下一节数学课继续。

一切，顺其自然，回归本真。

也许你会质疑：像这样上课，一学期一本教材的教学任务能完成吗？其实，我们每天上课，又像居家过日子，今天用的钱多了，明天就会省着点儿，后天又会多用点儿，最后，整体上保持平衡。教师要根据学情对教学进度做一些调整，而这一定是基于一个阶段，而不是局限于一节课的。

40分钟，只是一个时间标识，不应成为教师机械、教条甚至强制性要求学生完成固定学习内容与任务的樊篱。

冷场，"冷"了谁

这是议课、评课环节一位听课教师的发言："整节课，教师提问，学生积极踊跃回答，而且答得相当有水平。教师继续提问，学生仍然踊跃回答，仍然不乏精彩。整个课堂教学非常流畅。"

虽然你没有在现场，但看了上面这段文字，你可能会觉得这是一节好课。

如果教师提出问题，全班没有学生举手，教学中断，你可能就会觉得，这节课出问题了，因为这节课冷场了。

冷场，一般是指演员或者主持人由于忘词、误场等原因，造成舞台演出突然停止或者节目进行中无法接词的情况。冷场也指开会无人发言时的沉默局面。课堂上的沉默时刻，一般也称作冷场。

冷场是舞台演出以及节目进行中最忌讳的现象之一。课堂中，教师也是惧怕冷场的。注意观察教师的课堂表现，可以发现，教师提出问题后，倘若全班无人举手，教师可能会将问题重复一遍，因为"担心"学生之前没有听明白。教师也可能会将问题分解成更"小"、更"简单"的问题。总之，直到班上有学生举手了，教师悬着的心才稍微放下来一些。教师为何如此？原因很简单，课堂不能冷场。

课堂中的冷场，意味着教学的中断。冷场，意味着课堂陷入了危机。冷场，课也就没有了"看头"。教师担心冷场，反映出其内心把讲台当作舞台，把课堂教学视作演出。

再分析以上所说的冷场，学生答不上来的原因很多，较为常见的原因是学生还在思考中。面对问题，无论是教师还是学生，都是需要思考的。思考是需要时间的。很多时候，表面看学生陷入了沉默，其实他们的思维活跃着呢，正在酝酿精彩的想法。没有沉默，恐怕难有沉默之后的爆发。这样的沉默，表现为"冷场"。这里的"冷场"，不是中断，而是以另一种形态、另一种方式在继续；不是危机，而是一种必要的"蛰伏"；不是没有"看头"，而是"好戏在后头"。

由此看来，课堂中这样的"冷场"，既是重要的，也是必要的。在教学中，有时还需要有意为之。

我想起了多年前上过的一节课——"平面图形的面积总复习"。课中，我出示了这样一道题目：拍卖一块梯形土地（如图3-1所示），底价是每平方米200元。如果有一位开发商准备用50万元买这块地，你认为够不够？

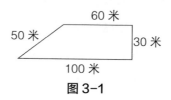

图3-1

学生先算出这块地的面积是2400平方米，然后算出需要48万元。学生做出判断：50万元够了。

我不说话。学生陷入了沉默。

寂静片刻之后，有一名学生举手发言："因为是拍卖，价格可以往上抬，50万元也就不够了。"

多么好的想法！学生能够联系实际思考问题。全班学生报以热烈的掌声。

我接着引导："如果参加竞买的人很多，价格抬得很高，50万元可能不够。如果参加竞买的人没那么多，价格抬得没那么高，50万元也可能是够的。用50万元买这块地，可能够，也可能不够。"

学生恍然大悟，原来这是一道开放性数学题目。

从学生的学习心理来看，课堂不能总在喧闹中。学生的学习，需要适度的兴奋。如果学生一直处于小手直举、小脸通红的亢奋状态，将不利于学生的学习，其学习效果会大打折扣。冷场，让学生静下来想一想，也是学习的需要。如上述教学片段中，教师不说话，有意冷场，恰恰给了学生冷静思考的时间与空间。正如海默特所言："教学是为了使人产生有活力的思想，而形成有活力的思想需要时间。"

从组织教学来看，教师的冷场处理，类似熔断机制，让学生陷入应对突发事件的状态，学生因"诧异"而思考。上述教学片段中的沉默，就是教师的刻意安排。试想，学生回答"50万元够了"之后，如果教师直接引导——"够吗？题目中说的是拍卖土地，每平方米底价是200元"，相信有学生马上会"发现"这里需要联系实际来思考。教师不说，让课堂一下子"冷"下来，而学生的思维却"活"了起来。可谓有一种需要，叫"冷场"，此时无声胜有声。

但这并不是说，课堂上要一直如此。"静若处子，动若脱兔"，课堂气象万千。课堂上，学生学习的场景应有时如《琵琶行》中所描述的"大弦嘈嘈如急雨，小弦切切如私语。嘈嘈切切错杂弹，大珠小珠落玉盘"，有时如《扬州郭猫儿》中所描述的"正在纷纷争闻不已，恧然一声，四座俱寂"。

我们需要重新认识一下"冷场"。冷场，往往是从教师的角度做出的判断。课堂是否冷场，以往我们往往只从可见的、外在的课堂活跃程度做出判断。从学生学习的角度来看，以往我们所认为的冷场，其实不是冷场。不过，另一种情况倒是值得我们警惕，即教师在课堂上口若悬河、眉飞色舞、夸夸其谈，而学生却默不作声、闭口无言、无动于衷，思维未参与其中，这才是真正的冷场。

课堂上，教师不应当追求舞台演出的那种效果。课堂，既需要热烈的气氛，也需要静静思考的氛围，一切要从有利于学生的学习出发。课堂冷场，"冷"是因为缺了往常的喧闹。套用我们熟悉的那句话，冷场，不是教师一个人的孤独，可能是一群学生的狂欢。以往我们所说的冷场，其实"冷"的是教师，只有当学生的学习真正处于"冷"的状态时，那才是真正的冷场。

"意料之外"与"意料之中"

  上午最后一节课是数学课，学生正在教师的组织下阅读、自学教科书。恰在此时，从食堂飘来菜香味，一名学生脱口而出："好香啊！"教室里一片哄笑。教师不慌不忙，微笑着点头："是啊！食堂里飘来的菜香，中午能品尝到。教科书中的'书香'，你能品尝到吗？"那名学生站起来，稍显窘迫，愣了愣，随即读出了书中的一段话，也就是接下来要研讨、学习的内容。教师提问："这段话'香'吗？为什么？"又一名学生起立分析……

  交流环节，听课教师们纷纷夸赞这位教师有教学智慧。的确，这位教师面对教学意外，巧妙地做了化解。

  什么是教学意外？顾名思义，教学意外一般是指在教学过程中所出现的出乎教师意料的事件或场景。按照事件、场景与教师所预设的教学内容和学生学习过程是否相关，可以分为外挂式教学意外与内置式教学意外。所谓外挂式教学意外，是指出现的教学意外与正在进行的教学活动基本无关，带有偶发性的特征。比如，上述教学过程中菜香味飘进教室，学生突然插话说"好香啊"。又如，教学过程中教室突然停电了，一只鸟飞进了教室，教室外面突然下雪了，一名学生突然晕倒了，等等。这些事件、场景好似"外挂"于课堂，不是每节课都会发生的。

  这里，主要谈内置式教学意外。和偶发性的外挂式教学意外不同的是，内置式教学意外和具体的教学活动相关，在教学过程中时常发生。它好似"内置"于课堂，用"不可或缺"来形容也不为过。最为典型与常见的是，教师提出问题，学生做出的回答和教师预设的不一致。毋庸置疑，教师对所设计的问题或任务，在内心是有答案预期的。可在课堂现场，我们往往会发现，学生所想非教师所想。

为什么会有这么多的教学意外？因为教师的预设不够充分、完全。不过，以教师一人的智慧，面对一群学生，他能充分、完全地预设吗？事实上，教师在教学中还常常"想当然"。然而，学生的学习进程却不会简单地按教师的意愿发展。由此看来，"意外"真的是不可避免的。若教学中没有意外，那倒是意外。从这个角度看，教学意外的出现就具有了合理性。

静心细思，以上所说的教学意外，是从教师的角度对教学过程中发生的事件做出的判断。如果从学生的视角看，学生会认为这些是"意外"吗？学生的数学学习，基于各自的认知发展水平和已有的知识经验，应当是一个生动活泼的、主动的和富有个性的过程。学生所处的文化环境、家庭背景和自身思维方式不同，学生的差异性和个体性客观存在，他们出现各种想法是正常的。从学生学的角度看，一切都不意外。也就是说，教师眼中的这些"意外"，在学生的眼中并不是意外。教师可能会这样质疑学生：你怎么这样想呢？学生则可能会反问：我本来就是这么想的，你怎么没想到呢？

我们可能熟悉这样的场景：一道数学题，一名学生不会，教师给他讲一遍，他不会；教师讲第二遍，学生仍然不会；教师继续讲第三遍，学生依然不会；教师耐心地讲第四遍，学生还是不会。尽管我们在道理上都明白，学生失败一百次，教师要努力一百零一次，但实践中，我们常常难以做到。一道题目，反复讲四遍，学生还不会，有的教师可能会责怪这名学生：你怎么这么笨啊，一道题目讲了四遍都不会？如果那名学生反过来问教师：你怎么这么笨啊，一道题目讲四遍都没让我明白？作为教师，你又该如何回答呢？其实，这只是观察问题、思考问题的角度不同而已。

在课堂教学中，如果发现学生生成的想法与教师的预设方案相偏离或相冲突，教师应该给学生更充分地表达自己所思所想的机会与舞台。意外并不是教师制造出来的，在一定程度上它还原了学生在学习过程中的真实想法。对教师来说是"意外"，对学生来说，其实这就是他们本真的学习状态与场景。很多时候，"意外"的出现，缘于学生以他们的方式在成长。由此可见，教学过程中出现教师所认为的教学意外，在一定意义上具有必要性。

教师应当直面现实，着眼于学生的发展，充分尊重学生真实的认识过程，创设安全而自由的学习氛围，要像对待荷叶上的露珠一般小心翼翼地对待学生的想法。首先要做到的是，接纳学生的各种想法。这样，学生才愿意和教师、同学交流，把或显或隐的想法全盘托出。学生的想法，即是他们的"作品"。教师要怀期待之心、敏感之心、发现之心、欣赏之心。即便学生的想法不成熟，要相信他们一定在成长。教师要组织学生就各种想法进行对话交流、思维碰撞。教师面对学生的"意外"表现时，不要急着评价，而要认真倾听，让学生充分表达他们的想法。面对教学意外，我们需要像马克斯·范梅南所说的那样，"心向着学生"，即从学生发展的角度对教学场景进行感知和判断，辨别其教育合理性，灵活机智地采取行动。

以往，我们对"意外"很警惕甚至有些紧张，是因为我们潜意识中还存在着对学生、对课堂、对教学的控制。而学生应在教师的引领下而不是控制下，基于他们的已知，以丰富多样的路径与姿态，获得尽可能大的发展。这一过程与目标，都应当是开放的。由此，教师需要解放学生、解放课堂、解放教学。

如果没有了这样的"意外"，教学可能会异化成学生揣摩教师想要什么，继而附和、迎合教师。学生千万不能变成教师的"传话筒""跟屁虫"。

面对教学意外，无论是外挂式教学意外还是内置式教学意外，我们应多一份坦然。尤其是对内置式教学意外，更要多一份期待。这就像如火如荼的世界杯足球赛，看点在哪儿？比赛最吸引人的是什么？悬念和意外，让我们"心醉"而不"心碎"。

期待教学意外，因为我们知道：意外，不是意外；意料之外，本为意料之中。

不妨让课堂出乎学生的意料

这是一节练习课，内容为"长方形、正方形的周长"。教师演示操作，将一张长方形纸从一个顶点撕向和这个顶点相距最远的那个顶点。在这个过程中，教师让学生猜一猜：像这样撕，撕成两个不规则图形，它们的周长相等吗？学生回答"相等"。教师将纸撕成两部分（如图 3-2 所示），然后请学生解释这两部分的周长为什么相等。学生清晰回答后，这个问题的研究也就告一段落。

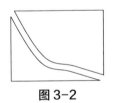

图 3-2

在这一教学片段中，师生合作默契、教学娴熟，但我总觉得缺少了些什么。缺什么呢？反复琢磨，我认为课堂顺畅与平静的背后，其实是学生思维的风平浪静。

数学教学要发展学生的思维，首先要让学生思考起来。如何引发学生思考？设置认知冲突。当课堂进程出乎学生意料时，学生因惊奇而思考，如清代戏剧理论家李渔所言，"一见而惊，不敢弃去"。

备课时，对于课堂教学如何推进，教师是有自己的预设的。教学设计中常常有这样的表述："根据学生的回答，教师出示……""结合学生的发言，教师指出……"教师依学而教，这是有必要的。不过，倘若教师预设的教学过程都在学生的意料之中，课堂会是怎样的呢？

我想起了曾经亲眼所见的一个教学场景。那节课的教学内容是"7的乘法口诀"。一个环节结束后，教师还没开口，坐在我身边的一名男孩突然低声嘟囔道："下面我们编乘法口诀。"我很好奇，悄悄地问他："你是怎么知道的呀？"该男孩不无得意地对我说："'5的乘法口诀'是这样学的，'6的乘法口诀'也是这样学的。"一语惊醒梦中人！

想一想二年级乘法口诀的教学，不少教师应该都熟悉这样的教学模式。以"6的乘法口诀"教学为例。先做准备题，即"6的连加"；再让学生看投影或挂图，师生一起编出一至两句6的乘法口诀；接着让学生看教材中的插图，照样子试编其他几句6的乘法口诀；最后让学生读、背乘法口诀。从"2的乘法口诀"到"9的乘法口诀"，这样的教学套路，几乎一成不变。教学"7的乘法口诀"时，学生对这节课的教学步骤可谓了如指掌。如此，教师的教学毫无新意与创造，学生的学习毫无生机与挑战。如此课堂，对学生、对教师，还有吸引力吗？

课堂，是师生共同分享彼此想法的地方。在分享过程中，师生的视界都会被打开。学生能预料到的是，课堂上，他们可以充分、自由地表达自己的想法，他们需要把他人（包括教师和同学）的想法与自己的想法进行对照，构建自己对学习内容新的认识与理解。他们难以预料的是，教师的想法是什么，同学的想法是什么，他人的想法与自己的想法不同之处在哪儿，课堂里具体会发生什么。这些对学生都是未知的，恰恰可以吸引学生全身心投入课堂学习。课堂在完成前，充满多种可能性，这正是课堂令人神往之处，也是课堂的魔力、魅力所在。

如果课堂进程都在学生的意料之中，学生可能会麻木甚至按惯性滑行而停滞思考，觉得课堂教学就是按部就班走程序而已。这样的课堂，会让学生觉得不好玩。

教师要研究学生是如何思考的，从而准确把握学生的思维现状与水平。教学，既需要顺势而为，也需要逆势而上。教师要研究，对于要探讨的问题，学生的思考路径与方式是否有着多种可能性，这些问题的价值与意义是什么。教师多想一点儿，课堂上就更灵活一点儿、从容一点儿、机敏一点儿。或者说，教师要根据问题本身的特点，根据学情，在教学过程中有意制造一些波折，由此激活学生的思维。

回到上述"长方形、正方形的周长"练习课的教学片段，教师可以这样做。教师依然从长方形纸的一个顶点开始撕，当撕到接近和这个顶点相距最远的那个顶点的时候，让学生猜测：撕成的两部分图形，周长相等吗？当学生猜测"相等"时，教师则将长方形纸撕成周长不相等的两部分（如图3-3所示）；当学生猜测"不相等"时，教师则将长方形纸撕成周长相等的两部分（如图3-2所示）。

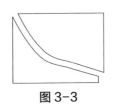

图3-3

教师为何不顺着学生却有意与学生"作对"呢？教师的意图就是制造"冲突"，让学生惊讶，继而引发思考。一波刚平，一波又起，学生的思维保持活跃状态，在解决问题的过程中更深入地理解了周长的含义，并充分认识到细致观察的重要性。

当然，还有一种情况，即有的学生猜测"相等"，有的学生猜测"不相等"。这时，教师可以让学生进一步解释说明，展示他们的想法。结合学生的解释，教师或学生再辅以操作演示：比较图3-2与图3-3，被分成的两部分凹凸啮合，大小不等，图3-2的两部分周长相等，图3-3的两部分周长不相等。正是在交流过程中，学生格外专注，他们的思维之火被"撩拨"得旺旺的。

中国传统建筑中的照壁，让庭院、住宅多了一些神秘感。课堂，也不能一马平川、一望无垠。叶澜教授说："课堂应是向未知方向挺进的旅程，随时都有可能发现意外的通道和美丽的图景，而不是一切都必须遵循固定线路而没有激情的行程。"课堂不完全按照学生的想法推进，可以吸引学生、激活学生，让学生享受智力活动的振奋与愉悦。出乎学生意料的教学处理，可以让学习过程多一些波折，多一些戏剧性，让学生多一份经历与体验。当学生在学习中感受到"没想到原来如此""原来并非如此"时，如此跌宕起伏的课堂，也就既有"意思"又有"意义"了。

"哪有那么多的不一样？"

一次，我与南京大学哲学系郑毓信教授交流。郑教授说："小学数学老师挺有意思的，特别喜欢同课异构教研活动，每位上课教师都在琢磨如何上出和别人不一样的课。我就想，课，哪有那么多的不一样？"郑教授的话，引发了我的思考。

作为数学教师，我多次参加以同课异构为主要形式的教学研讨活动。记得在 2003 年，张齐华、侯正海、王凌、张勇成与我一起在南京市石鼓路小学同上"圆的认识"，不少听课教师大呼"过瘾"。听课教师过的是什么瘾呢？在听课教师看来，观课如看戏，看每位上课教师如何"亮招"，展现自己的"绝活"。而上课教师呢，作为亲身经历者的我，当时为准备这节课绞尽脑汁、费尽心机，力求课堂的每一个环节都与众不同。

为什么教师们要把课上得与别人的不同？因为我们都觉得，只有"不同"，才能辨识出这是"自己"的，"不同之处"是自己的个人标识，由此彰显出自己教学设计的能力、水平，以此证明自己在教学中的独特性、创造力。其实，在日常教学中，教师常常采用同样的教学设计，在不同班级上相同的课。然而，面对公开课，却又煞费苦心，刻意地追求不同。

课原本就不相同，即便是同一课题，因为面对的是不同的学生。也就是说，课不仅因为教师的不同而不同，更因为学生的不同而不同。课是为学生上的，学生有差异，班级有差别。课因生而异，因班而异。这也恰恰说明课堂教学从"教为中心"转型为"学为中心"的必要性和重要性。

再说"同课异构"。我们往往认为，"同课异构"是不同的教师就相同的课题在同一个教学研讨活动中执教，用课堂表达各自不同的设计与思考。我以为，每一位教师更需要自己与自己"同课异构"的自觉、勇气与能力，即由与他人"同课异构"转向与自己"同课异构"。某一课题，我们往往先后多次执教，那我们是将曾经的教学方案复制到当下的课堂，还是带着新的思考对自己原先的教学方案进行刷新、"异构"？

在"异构"的过程中，自然会产生比较。我们无法拒绝比较，也不应拒绝比较。我们对"同课异构"课堂的比较，无论是自己与他人异构课堂的比较，还是自己与自己异构课堂的比较，应达成这样一种共识：通过对同一个问题的思考、阐述、理解、辨析、感悟、再思考，构建一种对话场域。通过比较，沟通理解、触发思考、促使优化、走向深刻。这样的"异构"，才能促进教师的教学持续健康地向前走。

教师对教学问题的处理方式不同，彰显出教师教学观念的不同。教师总在琢磨怎样才能和别人上的课不一样，他们想要呈现的课堂的样子，其实是"面子"，至于如何呈现，需要教师在"里子"方面下功夫。课堂"养颜"，需要"由内而外"。教师应当更多地研究学生、追问自己。不要太在意课的相同与不同，而要研究学生是怎样学习的，筹划教师的教如何支持、促进学生的学习，审视教师教学实践背后、处于缄默状态的"想法"是什么。

我在借班上课之前，通常会与学生做一些交流。当聊到我的姓名时，学生基本认识我的姓名"贲友林"中的后两个字，不认识第一个字。如何介绍"贲"这个字呢？曾经的我，先在黑板上写上"ben"，据此，学生会读成"bēn""bén""běn""bèn"，当读到第四个读音的时候，学生都会哈哈大笑。我知道，他们想到了"笨"。我顺水推舟："你们觉得今天的上课老师是不是笨蛋老师呢？"大多数情况下，学生异口同声说"不是"，偶尔也有学生和我开玩笑说"是"。接着，彼此相视一笑。在笑声中学生的心情得到放松，这就拉近了师生间的距离，为后续的教学做好了情感上的准备。

现在借班上课，学生依然不认识"赉"，我不再板书拼音了。而是先让学生猜猜这个字怎么读。有学生想到"喷"，继而猜读"pēn"；有学生想到"愤"，继而猜读"fèn"。我指出："根据认识的字猜不认识的字，是一种办法。当然，猜测未必准确。这里，没'口'没'心'，不读作 pēn，也不读作 fèn。大家有什么办法认识这个字呢？"学生七嘴八舌。有的说，查字典；有的说，问老师；有的说，问家长；还有的说，上网查，搜索一下。我继而指出："既然大家有这么多办法，今天下课以后就用自己的办法去认识这个字吧。"学生点点头。

以往的课前师生交流，现场效果不错，笑声一片。不过，我更认同当下的处理。因为这不仅有趣，更有味；不仅有意思，更有意义。

都是课前交流，教师的处理方式却发生了变化，这是因为教师内在的想法发生了变化。

由此想到我们的课堂。一节课，应该留给学生的是句号还是问号？如果课堂以问题的解决结束，那这节课留给学生的就是句号，以往我们会觉得这样的课堂圆满。课堂是学生学习的加油站，学生始终保持好奇心，在解决问题的过程中生成新的问题，产生新的探究动力，这样的课堂常常以问号结尾。也就是说，课堂从封闭走向开放。

一节课，教给学生的是结论性知识还是方法？以往，我们的教学，较多地关注求知的结论，其实求知的过程、方法和结论性知识同样重要。我们都知道，"授之以鱼"不如"授之以渔"。叶圣陶指出：教，是为了不教。如果学生掌握了"渔"，还担心没有"鱼"吗？不是说结论性知识不重要，而是说获取结论性知识的方法、过程以及学生在这一过程中的情感体验与结论性知识同样重要。

一节课，关注的是"教"还是"学"？我们都知道要关注"学"，但在实际操作过程中，对"教"的关注往往多于对"学"的关注。当下我们所面对的学生，他们有学的欲望、能力、资源、手段，倘若教师仍然熟视无睹，教学就会拘囿学生的发展。在实际教学中，我们太习惯于"授之以鱼"。比如，在课堂上，有些教师把问题讲过了，就心安理得了，认为完成了教学任务。他们关注的依然是"教"。教是为了什么？教是为了学。教，应当支持、促进学生的学习。比如，一个问题，学生思考过，能把问题讲清楚，他才算真正明白。

对教师而言，这些思考比"异构"更有价值。教学不是简单地寻找不一样，教师要深入思考，深入研究学生。教师不能仅仅追求课堂外在呈现形式的不同，而要分析"异构"是基于怎样的思考，表达了怎样的理念。如此，教师才不会为了"标新立异"而误入歧途。教师应面向"本来"，通过思考，呈现能促进学生真实、有效学习与发展的课堂。

这些话，我们是否常常在说

我们在课堂上曾经说过的话，有很多已经形成了模板。我们是否需要重新审视一下这些已经说溜了嘴的惯常用语？

"同学们，知道这节课要学什么吗？"课堂伊始，教师这样提问，学生会如何作答？是否有这样的现象：学生明明心里知道，却显示出"好奇"或"迷茫"的表情？为何会这样呢？

"老师给你们一分钟的讨论时间。"教师发出如此指令时，是否想过，讨论时间为一分钟，够吗？学生能展开讨论吗？讨论时间是由教师规定的吗？讨论时间，是教师施舍给学生的吗？

"他这样做，对不对呢？老师也不知道。不过没关系，今天这节课我们一起来探讨这个问题。"教师真的不知道吗？学生真的相信教师的话吗？

"通过全班同学共同努力，我们……接下来，我们再一起探究……"课前，教师绞尽脑汁、精心推敲课堂环节之间的过渡语。课堂上，教师满怀得意地说出这段话，可学生对你的这段话感兴趣吗？是否发现学生给你泼了一盆冷水？其实，比字斟句酌更重要的是，教师说的话，学生听得懂。在低年级的课堂上，有些教师眉飞色舞，侃侃而谈，却未注意到全班小朋友瞪着大眼睛，还有那疑惑的表情。

组织全班学生核对某个问题的解答，教师说："做对的同学请举手。"学生举手后，教师是否仔细看了？多少名学生举手了，哪些学生举手了，哪些学生没举手，教师知道吗？如果学生的解答出错了，但他不诚实地举起了手，教师是否知道？

学生发言之后，教师如是评价："你的声音真响亮！""你的声音真好听！"教师是否想过，这样评价的指向是什么？教师更应该关注的是学生言说的内容，还是其声音？

"这个问题我在课上讲过了！"教师振振有词。可以看出，教师关注的是"教"，而不是"学"。这样的言语，显然不是学生立场，恰恰反映了教师的免责心态。在教学中，"教"是手段，"学"是目的。当学生认为自己不会是因为"老师课上没讲"的时候，教师该反思：是不是只有教师在课上讲了，学生才明白、理解、学会？学生是如何形成这样等待、被动学习的状态的？

"我都讲过了，你怎么还不会！"这是课堂上教师对学生的责备。教师一讲解，所有学生立马就会了吗？教与学，有这么简单吗？教师不教，学生就不会学吗？教师教了，学生就会学了吗？教师教什么呢？怎样教呢？学生怎样学才是会学呢？这些问题，教师思考过吗？

"这个问题，留给大家课后思考。"在课堂教学即将结束的时候，教师常常留下"问题"让学生课后思考。学生课后思考了吗？如果学生课后思考了，教师和学生交流思考的情况了吗？课尾留疑要慎重，对问题的处理不能敷衍。教师留疑，不应是课堂"作秀"之举，不应总是悬而不决。

"这节课，同学们配合得很好！"这是教师对学生的夸赞。"这节课，学生配合不行！"这是教师对学生的抱怨。夸赞也好，抱怨也罢，教师是否反省过：课堂教学，是学生配合教师的吗？

如果教师在课堂上不会说话，那是不可思议的事。不过，不少时候，教师对学生说话，是在"自言自语"，因为教师的成人话语体系，学生是听不明白的，但教师还是喋喋不休，却浑然不知。

那些可能是我们未曾想过的

我们一直在说课堂教学改革，我们是否梳理并追问过：课堂真的发生变化了吗？发生了什么变化？我们改变了什么？为什么改变？我们坚守了什么？为什么坚守？在多年教学改革的道路上，我们是否出现过"小猴子掰玉米"的现象？在积极尝试课堂教学改革的时候，我们是否思考过：它有没有一些内在规定性是必须坚守的？

言说我们的课堂教学，对曾经，似乎"否定"比较多；但发生在课堂教学中的实际行为，对曾经，似乎"坚守"比较多。为何不一致呢？我们言说时希冀改变但行动时选择了"重复昨天的故事"。

课堂，学为中心，倘若仅仅理解为以学生的学习为中心，教师看似降低了姿态，背后是否隐藏着居高临下的施舍心态？

课堂上，教师被什么"束缚"着呢？如果认识不到这一点，教师也就解放不了自己。教师不解放自己，就难以让学生真正解放。一节课由准备、新授、练习、总结、作业这些环节构成，这是我们比较熟悉的教学思路，也几乎成了套路。其实课堂教学并没有"潜规则"，而我们不知道从什么时候起给自己的教学画了一个圈。课堂教学设计哪些环节，如何组织这些环节，并没有一个固定不变的模式。关键是看学生是否在学习，教师的教是否支持了学生的学习、是否促进了学生的发展。

在学生学习的过程中，总有一些结构相似的学习内容。教师是否考虑过前一项内容的学习对后一项内容的学习的影响？比如，语文学科中，前一篇课文的学习对后一篇课文的学习作用何在？数学学科中，6 的乘法口诀的学习与 7 的乘法口诀的学习，内在的关联是什么？

无疑，"教什么"与"怎样教"都是教师格外重视的，但更为重要的是"为谁教"。教师从关注"教什么"到关注"学什么"。不过，是否有这样的现象：较多关注学生学到了什么，而较少关注他们是怎样学的；较多关注学生学得多不多，而较少关注学生学得快不快乐；较多关注学生学得牢不牢靠，而较少关注学生是否有自主发展的获得感、意义感？

"我们为什么要学习这一知识呢？"课堂上，当学生提出这样的问题时，教师会如何处理？学生的问题启发教师思考：什么才是真正值得学习的知识？

课堂上，一个学生回答对了，并不意味着全班学生都正确认识了这个问题。某个学生的想法是正确的，但其他学生的想法可能是模糊不清或错误的。学生的正确解答背后，可能还隐藏着学生对这个问题不合理或错误的认识。课堂上，学生表达自己的想法之后，教师往往立即评判对错并做出指导。这样的教学处理，是否会导致其他学生不能完全表达自己的想法？教师过于"迅捷"的指导是否替代了学生的思考？

教师在课堂上越俎代庖的现象还有吗？比如，当学生在学习中遇到困难时，教师常常会立即现身并予以解围。这样的做法是否剥夺了学生持续地、深入细致地思考的机会？

在课堂教学中，教师要直面学生的现实，既要关注学生已经展现出的想法，还要关注学生潜在的、尚未表达的想法。有时学生所说的，往往不是他们自己真正想说的，而是教师想听的。因此，学生用自己的语言把心中的想法说出来，让别人明白他的意思，我们应当为这样的发言鼓掌、喝彩。在学生学习的过程中，教师应当调动学生的已有认知，诱发学生的认知冲突，鼓励学生充分表达自己真实的想法，促使每一名学生求知、求是、求真。

课堂上，每名学生都与全班同学交流与分享自己的想法，这可能吗？显然，受教学时间、教学技术等因素的限制，这在当下的课堂里还很难实现。那学生还有些想法未能公开，怎么办？

　　我们都知道，课堂的主体是学生，但现实中，学生不一定是课堂的主体。只有当学生成为课堂活动的发起者、参与者、创造者的时候，他们才会成为真正的主体。

　　一节课，上得非常顺畅，甚至可以用"行云流水"来形容，我们往往认为是好课。然而，我以为，行云流水般的课可能是好课，上得磕磕绊绊的课未必就不是好课。如果一节课上得很顺畅，是否意味着学习任务对学生的挑战性不够？所有的问题，学生都能顺利回答，而且答案基本符合教师的预设。这也许会让教师觉得很舒服，然而学生在这一过程中又得到了多大的发展呢？

每一个细节，都是一种思想

教学无小事。

课堂上，教师会经常安排学生到讲台前进行交流。学生到讲台前讲解时，常常是眼睛看着教师，此时教师不妨提醒学生：你的目光要与大家交流，你是讲给全班同学听的，老师和大家一起听。在教学中，教师要注意组织学生与同伴展开积极的互动交流。

课堂上，学生在黑板上板演，此时教师不妨提醒学生：手要过头顶。因为学生所板演的内容，要让全班同学即时看得见并能看清楚。

课堂上，学生汇报时，教师关注的往往是学生汇报的内容是否与自己的预设一致。其实，教师更应该注意此刻班上其他学生的反应如何，对发言学生的汇报是否有自己的想法，是否有迫切交流的愿望。

教学应建立在学生独立思考的基础之上。在课堂教学中，我们期待学生独立思考，可是学生真的独立思考了吗？每一个学生都在思考吗？教师总是怕学生出错，总是怕学生"浪费"自己的时间，总想着搀扶学生，于是，学生慢慢成了温水中的青蛙，丧失了独立的意识，也丧失了思考的能力。

课堂上，教师提出问题之后，如何确定谁发言呢？发言的学生，一定都要由教师指定吗？如果不由教师指定，那是否有其他的方式？教师提问，是为了让学生表达自己的想法，而不是寻找自己所需要的想法。教师提问之后，可以指定学生发言，也可以通过抽签让学生发言，或者让学生自主"争抢"发言。无论采用哪种方式，教师关注的应该是学生是否将他们的真实想法呈现出来了。

　　课堂上，学生的发言都要等待教师"施舍"吗？如果学生带着想法走进课堂，并且有与全班同学交流的愿望，能在课堂中得到满足吗？现实的情况常常是，教师提出问题之后，学生才能交流自己的想法。教师能不能先问问学生有没有想法，然后再提出问题？

　　课堂上，一个学生发言时，常常会有学生情不自禁地窃窃私语。这通常是不被教师允许的。教师是否意识到，此时学生的窃窃私语，恰恰说明他们的"私语"表达的可能是不同的想法。"私语"常常是可以公开化为全班学生学习的新资源的。

　　课堂上，如果一个学生在别人发言之后还有想法，他能获得交流的机会吗？教师可能不让学生各抒己见，教师考虑的是：如果放开来交流，如何引导？如何调控？如何保证教学目标的达成？如此处理，让精彩的教学过程演变成了线性的教学流程。一旦变成"流程"，也就意味着教师更关心的是课前预设的教案在课堂中的演绎，忽视甚至漠视教学过程中丰富的教学资源。这样的教学，不具有充分的发展性，缺乏意义拓展和价值衍生。

　　课堂上，学生说的话有时很难听懂。因此，我们常常会忽略学生的想法，或者我们会误读学生的想法。如果有时真的错误地理解了学生的想法，我们自己能发现听错了吗？同时，学生是否敢于直接和教师说："老师，您听错了，我说的是这个意思……"

　　课堂上，教师常常会对学生说"同桌间讨论讨论"或者说"小组内交流交流"，学生接着就"讨论""交流"起来了。不过，教师有没有真正走到学生中间关注他们是怎样讨论的，是怎样交流的。学生"讨论"时，教师在干什么，该干什么？"讨论"这种教学方法，在当下的课堂中已经司空见惯。什么样的问题需要讨论？学生讨论，是否有基本的规范要求？每一个学生是否真正积极参与了讨论？学生在"讨论"中是如何学习的？学生的"讨论"是否存在问题？教学中是否有"讨论"泛滥的现象？这些，教师是否都应该审慎地思考一下？

细节成就完美。教学中每一个动人的细节，都闪耀着教育思想的光辉。

第四辑

关注学生的课堂学习

真的是学生的错吗

这是小学一年级的一节数学课。

（教师在屏幕上出示一幅图，如图 4-1 所示。）

图 4-1

师：请看屏幕，看懂了吗？

生 1：是小朋友在种树。

师：咱们能说三句话吗？

生 2（林予涵）：有 4 个小朋友在种一棵树，还有 2 个小朋友也在种一棵树，还有几棵树？

（这时，现场的听课教师都忍不住笑了。一是因为这个学生萌萌的声音；二是因为这个学生的叙述中，"条件"与"问题"牛头不对马嘴。）

师：（耐心引导）在他发言之后，小朋友如果有想法，请继续举手！

生 3（董歆然）：有 4 个小朋友在种一棵树，还有 2 个小朋友在种另一棵树，总共有 6 个小朋友在种树。

师：刚才两个学生的发言有一样的地方，是什么呢？

生 4：都是有 4 个小朋友在种树。

生 5：还有 2 个小朋友也在种树。

师：（组织学生继续看图）4 个在一起种树的小朋友都是男孩，另外在一起的 2 个小朋友是女孩。

师：之前两个小朋友有一句话说得不一样，还记得他们是怎么说的吗？

生 6：林予涵说的是还有几棵树，董歆然说的是一共有多少个小朋友。

师：根据前面两句话，那边有 4 个小朋友在种树，这边有 2 个小朋友在种树，问一个问题的话，你觉得可以问什么？

生 7：有 4 个男生在种树，还有 2 个女生在种树，请问现在有多少个小朋友在种树？

…………

看完上面这个教学片段，我们都会觉得教师的处理恰当。当一个学生叙述图意出现问题时，教师及时引导，帮助学生形成了正确认识。

作为听课教师，我也觉得林予涵的叙述是有问题的，而教师的引导是非常必要的。

我又继续琢磨：学生为什么会这样说呢？一年级的学生会从图中看到什么？他们是如何表达的？教师又看到了什么？

作为一个数学教师，我从这幅图中看到的是两道数学题目：

(1) 有 4 个男生在栽树，有 2 个女生也在栽树，一共有几个学生在栽树？

(2) 小朋友已经栽了 2 棵树，还有 4 棵树没有栽，一共要栽几棵树？

当然，我们也可能想到要用减法解决的题目。比如，一共有 6 个小朋友在栽树，男生有 4 人，女生有几人？又如，一共有 6 棵树，已经栽了 2 棵，还有几棵树没有栽？……

数学教师看到的是数学问题，那么语文教师看到的是什么呢？一年级的一位语文教师是这样描述的："春天到了，小朋友们脱去厚重的棉衣，一起到郊外种树。小朋友们带着准备好的工具和小树苗来到山坡上。他们团结一致，分工合作。四个男生一组，有的挖土，有的扶小树，还有的去提水。女生呢，也不闲着，忙着给小树浇水呢！小伙伴们看着自己种的小树苗，都开心地笑了。"

同样是教师，因为所任教的学科不同，即便是相同的图，不同的教师看到的东西是不一样的，显示出不同的学科特质。

一年级的学生看到了什么？是如何表达的？他们看到了小朋友，看到了树。他们会用自己的话来表达自己所看到的。

上述教学片段中，林予涵所说的就是他所看到的。从"语文"的角度来看，他把自己所看到的都完整地表达出来了。当然，内容还缺一点儿想象，语言还不够丰富。而从"数学"的角度看，他所叙述的条件与所提出的问题之间没有关联，也可以说，他所叙述的题目是错的。

不过，教师关注的是"4 个人"与"2 个人"这两条信息，并由此想到该问"一共有多少人"。仔细看林予涵的问题，如果在他的话之前添上一句话——"原来有 6 棵树"，就会发现，这是一道很有意思的数学问题。于是，我们明白了，为什么林予涵所提出的问题是"还有几棵树"。原来，他关注的不是图中的"人"，而是"树"。

对教师来说，看图说出数学问题，是非常简单的。但对学生而言，这是有难度的，因为还没有经过学科学习以及训练，他们就要用自己的语言说出自己所看到的，相当于看图说话。要让学生慢慢地实现从自然语言到学科语言的过渡。

上述教学片段中，如果教师能够发现学生想法中的合理之处，那么接下来的教学也许可以这样处理："对林予涵所说的问题进行修改，它就会成为一道我们能够解决的问题……""如果林予涵再添上一句话，它就会成为一道我们能够解决的问题……"如是，课堂便拥有了开放性，学生的学习便多了一份别样的精彩。

细细想来，读懂学生的想法，真是一件不容易的事。在林海音的《城南旧事》中，惠安馆里的秀贞在他人的眼中是一个疯子，但在英子的眼中却是她喜欢的一个朋友。那个嘴唇厚墩墩的年轻人在一群人的眼中是一个坏人、一个贼，而英子却说"不"。两位数的加法，在我们成人的眼中，是那么简单。然而，在一年级的孩子看来，两位数的加法真难算，又要进位，又要加点，只有十个手指头，加得忙不过来……

我们要走近学生、走进学生，"弯下腰""蹲下身"，从学生的视角看待学生的世界，以解读的态度与方法对待学生的想法。有时，我们在课堂上未必能真正读懂学生的想法，课堂教学结束之后，应该多反思。多一点儿反思，少一点儿自以为是，我们对学生可能就会多一分理解。即使学生的想法是错的，也可能有其合理性。况且，有时未必是学生的错。或许，我们还会发现自己在教学中的不妥之处。就像一年级学生刚刚接触实际问题时，我们通常用"三句话"这样比较通俗易懂的说法，让学生初步知晓一道题目通常有两个条件与一个问题。在学习实际问题的起步阶段，这样的表达是合理的，但教师要注意不能太刻板。例如，一个实际问题，如果说四句话、五句话，可以吗？就像上述林予涵所叙述的题目，在添加"原来有 6 棵树"之后，就不再是三句话了。

一言以蔽之，教师对学生的想法做出判断时，应当小心翼翼。倘若有如履薄冰之感，那我们对学生、对教学也就多了一份敬畏之心。

学生想法中的"泡沫"

一节数学课，上课内容是"用数对确定位置"。教师让学生用不同的方式记录并表示"第 4 列第 3 行"。

学生想出了各种方式，并一一板书在黑板上。教师依次给学生的各种写法编号。

① four,three   ② 4　3   ③ 4.3   ④ 4,3
⑤ (4,3)   ⑥ 4|3   ⑦ 4/3   ⑧ 4L3H

接下来，教师组织学生讨论各种表示方式，最后选择第五种表示方式作为数对的写法。

当时，我在听课，坐在我身边的就是呈现第五种表示方式的学生。他的声音虽微细但很清晰，还夹带着些许得意："抄了书上的。"

我知道，教师当时一定没有听到这声音。但教师是否想过学生这样的想法可能是抄了书上的？

我以为，学生未经思考而直接从教科书中"抄"来的想法，无疑是课堂中的泡沫。这样的想法正确，却不是学生自己思考得来的。这样的泡沫，遮掩了课堂的真相。

再说一例。当下课堂教学改革，导学单之类的材料应用具有一定的普遍性。所谓导学单，是指教师根据教学内容设计，引导学生"先学"，即让学生"先想""先做"的材料。在导学单中，教师会设计一些问题让学生思考。无疑，这是促进学生自主学习、探究性学习的一种积极尝试，因为这样学生有更为充分的思考时间与空间。但这都是学生独立思考的吗？有的学生可能会将教材中的结论直接照搬到导学单上，而这会造成课堂的虚假繁荣。

"泡沫"的危害不言而喻。这不利于培养学生的思考能力。学生几乎不思考，就获得了标准答案，这俨然是抄袭。"泡沫"造成"假知"，教师被假象迷惑，不了解学生的学习真相，教学缺乏针对性，自然会降低有效性。教师为什么看不见泡沫或视而不见呢？

课堂上，教师提出问题之后，关注的是学生的想法是什么；学生的想法是否正确；学生的想法是否与教师的预设一致；如果学生的想法与教师的预设不一致，如何处理；如果学生难有想法，教师如何引导。总之，当学生说出与教师一致的想法时，教师往往长舒一口气，心中那块悬着的石头落了地。由此可见，这样的教师依然固守教师本位，以"教"为中心。教学的过程，是把教案按计划演绎的过程。重"教"轻"学"，是滋生这样的泡沫的温床。

防止泡沫产生，或让泡沫难有生存的空间，这是每位教师都必须正视与解决的问题。

教师不仅要关注学生的想法是什么，还要关注学生是怎样想的；教师不仅要关注学生的想法是不是对的，还应当关注学生的想法是不是真的，是不是他独立思考的。如果学生的想法是自己思考的，即便不完整，甚至有错误，教师也应当给予充分的重视与尊重；如果学生的想法是从教材、教辅等资料中直接"拿来"的，即便是正确的，甚至是完美的，教师也不应当给予任何肯定。

这里得说一下教辅。当下的教辅品种繁多，我们既不要视之为洪水猛兽，也不应当不闻不问。指导学生用好教辅，是教师必须做的事情。正如之前所述，学生在"先学"时直接查看教辅，走了捷径，一下子把所学内容看"懂"了，这样做的危害性是非常大的。教辅，辅助教，而不是替代教。学生使用时，应当先自己独立思考，等到自己有想法了，再将自己的想法与教辅中的有关指导进行对照。倘若自己的想法与教辅中的阐述不一致，应当进一步思考：不同点是什么？为何如此？我们应当让学生知晓，直接从教辅中"拿来"，并不是有效的学习。

再说"导学单"，其中呈现的问题，应当主要是引导学生深层思考的问题，即让学生无答案可直接抄录的问题。比如，我设计了"商不变的性质"课前研究学习材料，其中，第一个问题是"什么是商不变的性质"，第二个问题是"为什么商不变"。第一个问题直接指向结论性的回答，但第二个问题引发学生思考，让学生真正认识什么是商不变的性质。

回到一开始所说的"用数对确定位置"课例。比较各种表示方式的时候，教师应当追问呈现第五种表示方式的学生是怎么想到这种表示方式的。倘若学生直言"看了书上的"，教师应先肯定学生的诚实，然后引导学生再思考：为什么要采用这种表示方式？这种表示方式和同学们呈现的其他表示方式，不同点在哪儿？相同点又在哪儿？在学生展示、交流的基础上，教师的追问，能让学生不仅知其然，还知其所以然，享受独立思考的快乐，体验"发现"的乐趣。

我还想到一个现象。很多教师曾和我交流，他们所在的学校在农村或城乡接合部，大多数学生的爸爸妈妈外出打工，无法管孩子的学习，更不要说辅导孩子了。作为教师的他们，几乎承担了学生学习的全部指导工作，很辛苦。我理解教师们的心情。但我以为，当下，有的学校、有的教师有一种不好的做法，就是把学校要做的事情、教师要做的事情，简单地转嫁到家长头上。我是这样对学生家长说的：数学学习，是孩子们的"本职"，请让他们独立思考。孩子有数学方面的问题问家长时，如果家长觉得能够讲准确、讲清楚，可以给他讲；如果家长觉得讲不准确、讲不清楚，请不要讲，而是让孩子独立思考。家长们也听明白了我的意思，从此，面对我呈现的数学问题，家长们一般不讲了。家长的不讲，恰恰给了孩子独立思考的时间与空间。无论想法是正确还是错误、深入还是粗浅，那都是孩子自己的真实想法。让他们带着真实的想法走进课堂，展开真实的学习，让学习真实、真正地发生。

有效的教学，一定是建立在学生真实的认知起点上的，学生展示的内容也应该是学生的独立思考和个性化见解。我们期待学生的"真知灼见"，更要辨析它是否为"真知真见"。

学生的"套话"

教学"分数的意义",教师出示以下题目。

说出分数表示的含义。

(1) 五年级一班学生中,会打乒乓球的占$\frac{5}{9}$。

(2) 地球表面有$\frac{71}{100}$被海洋覆盖。

(3) 一节课的时间是$\frac{2}{3}$小时。

"$\frac{5}{9}$表示把五年级一班的人数看作单位'1',平均分成9份,会打乒乓球的人数占这样的5份。""$\frac{71}{100}$表示把地球表面积看作单位'1',平均分成100份,海洋面积占这样的71份。"……学生一个个很流畅地说出这些话语的时候,教师点头。课堂教学就这样顺顺当当地进行下去。

在后来的教学中,教师出示了以下题目。

一节数学课$\frac{2}{3}$小时,探究新知大约用了全课时间的$\frac{1}{2}$,新知练习大约用了全课时间的$\frac{1}{4}$,其余时间占全课时间的几分之几?

有学生这样列式：$\frac{2}{3} - \frac{1}{2} - \frac{1}{4}$。教师知道，这样列式是错的。不过，让这样列式的学生解释这 3 个分数表示的含义时，他们也脱口而出："$\frac{2}{3}$ 表示把 1 小时看作单位'1'，平均分成 3 份，一节课的时间占这样的 2 份。""$\frac{1}{2}$ 表示把一节课的时间看作单位'1'，平均分成 2 份，探究新知的时间占这样的 1 份。""$\frac{1}{4}$ 表示把一节课的时间看作单位'1'，平均分成 4 份，新知练习时间占这样的 1 份。"

当学生做出以上正确表述时，我们会觉得学生理解了分数的含义。那为何出现上面的错误列式呢？即为什么学生说对了含义，却做错了题目？

学生上述所说的话语，其实都是"套话"。这里所说的"套话"，是指照搬一定的格式所说的话。比如，学生在表达分数的含义时，是有一个"模板"的。即：把（　　）看作单位"1"，平均分成（　　）份，（　　）占这样的（　　）份。学生叙述某个分数表示的含义时，就是完成这里的"填空"而已。

又如，学习"正比例和反比例"时，学生可能照搬教材中的结论语。如"正比例"例题所述：路程和时间是两种相关联的量，时间变化，路程也随着变化，当路程和相对应的时间的比的比值一定时，路程和时间便成正比例关系。由此，学生就有了一个"模板"：（　　）和（　　）是两种相关联的量，（　　）变化，（　　）也随着变化，当（　　）和相对应的（　　）的（　　）一定时，（　　）和（　　）便成（　　）比例关系。于是，学生遇上各类判断正、反比例关系的问题时，就可以"以不变应万变"，照葫芦画瓢地说出"套话"了。

对于教材中的这些结论语，学生表现出来的可能是"小和尚念经，有口无心"，知其然，而不知其所以然，只会机械地说"套话"，而没有真正地去理解。理解是人的大脑对事物分析决定的一种本质的认识。理解的标志之一，是对所认识的对象能用自己的话表达出来，包括对语言材料能加以改组，改变其表达方式。对某事物理解不确切，便难以用自己的话表述；即便能背诵原文，对事物或文句也并未真正理解。

那么，教师为何没有意识到这些是"套话"呢？作为课堂观察者的我，不仅关注学生的学，而且关注教师的教。在判断学生所述是不是"套话"的同时，我也在思考教师为何没有意识到那些是"套话"，或者说教师为何一叶障目而缺失了判断"套话"的主动意识。

在学生表达时，教师往往关注的是学生说得对不对，而不是理解得对不对。也就是说，教师往往关注的是学生外露的表现，而不是内在的变化，即学生所建构的认知究竟是什么。而且教师往往关注的是学生的表现是否符合自己的预设，而不是学生的表现是否真实地外化了他们的学习水平与认识。

在教学中，教师讲过了，学生照样子说了，教师也就认为学生已经学会了。于是，教师对学生经常有这样的抱怨与责备：我全都讲过了，你们怎么还出错啊！教师讲过了，学生就懂了？会了？不出错了？回到常识，我们应充分认识到，教≠学，学≠学会，会≠全对。

尽管教师已经意识到，不能仅仅关注教，更重要的是关注学生的学，但教师在潜意识里，关注更多的依然是教。

在教学中，如何让学生的"套话"变成"实话"？这不仅需要教师改变观念意识，而且需要专业素养的支持。比如，上面所说的"分数"是有不同定义的："份数定义""比定义""商定义"以及"形式化定义"，这些是从不同的角度理解分数的概念。在小学阶段，学生需要理解的主要是"行为的分数"：从"份数定义"入手，分数与"分"有关。从"分"的角度理解，首先要辨析"分什么"，其次要分析"怎样分""分的结果如何表示"。如果学生对分数的理解水平比较高，那么在学习中他们就能实现"数学符号""语言表示""图形表征"之间的灵活转换。即，能做到由操作实物或画图表示，到用语言表达出分数所表示的含义以及写出分数；或者给定一个分数，通过操作实物或画图来表示，同时用语言清晰地表述其含义。并且，语言表述能做到言之有"物"、言由"心"出，而不是生搬硬套、生吞活剥。

学生的"套话"提醒了教师：观念与行为的重建应当同行。我们在课堂上关注学生是否流畅地说出教师预想的话的时候，需要进一步地自我追问：从学生学的角度看，这些是学生自己的话吗？是他们自己理解之后的表达吗？

教师不要被学生的"套话"迷惑。教师要具备专业素养、学生视野，即研究学生，研究学习，改进教学，让从"教"到"学"的转变真正落地。

让"学"不是走过场

在一次"同课异构"教学研讨活动中，一位教师教学"年、月、日"一课。课中，教师用课件呈现了下面的故事，然后组织学生阅读。

公元年历编制最初来自欧洲的古罗马。传说在公元前46年，古罗马皇帝恺撒在制定历法时，规定每年为十二个月，一、三、五、七、九、十一月为大月，每月31天；二、四、六、八、十、十二月为小月，每月30天。这样，大小交错相间，各六个月，人们很容易记住。但是，照这样的规定，一年就多了一天，因此得找出一个月减去一天。从哪个月减合适呢？那个时候被判处死刑的犯人都在二月份处决，人们都希望二月能快点儿过去。于是，就从二月中减去一天。这样，二月变成29天了。后来，奥古斯都做了罗马皇帝。他发现恺撒是七月份生的，七月是大月，而他是八月份生的，八月却是小月。为了显示自己和恺撒有同样的尊严，他就修改历法，把八月也定为大月，改为31天。他还将下半年八月之后的双月——十月和十二月都改为大月，将九月和十一月改为小月。而八月改为大月后，全年多出的一天也从二月中减去。于是，二月变成28天了。之后这种大小月安排的历法就流传下来并且沿用至今。

大概半分钟后，教师出示课件的下一个页面内容，进入下一个教学环节。

课后，在互动交流的时候，我问了这位教师一个问题："你觉得在你留给学生的阅读时间内，学生能读完课件上呈现的故事吗？"

他听出了我的"话外之音"，有些不好意思地说："学生没读完，下次我会注意的。"

我又追问："学生读完之后会怎样呢？"

这位教师沉默了，身边一起听课的教师也沉默了……

又一位教师教学"年、月、日"这节课，课中他也用课件呈现了这则故事。和前一位教师有所不同的是，他在课中改为呈现这段故事的文字，同时播放故事录音。

课后，我问教师："播放恺撒、奥古斯都故事的时候，学生听了吗？"

他坦诚地回答："没在意。"

我又问："是否想过，学生听完之后怎么样呢？"

他有些腼腆地笑了："呵呵，没想过。"

教师没想这些，那想了什么呢？询问教师，他们如实告诉我，就是想怎样在课堂上呈现这个故事。再想想平时我们的课堂，教师往往关注课堂上怎样呈现材料、怎样讲解、怎样组织活动等，即关注怎样教。而对学生的听、说、读、写、思等学习活动，仅停留于组织，教师并没有深入探析学生怎样学以及学得如何。以听为例，教师、家长经常叮嘱与告诫孩子要听讲。为何听，没有解释；如何听，疏于指导。在课堂上学生只要在听，或者说，看到学生呈现出听的样子，教师也就心安了，至于学生在听之前以及听之后的表现与状态，教师并没有过多思考。如何才能不让听在课堂上成为走过场呢？

首先，让学生产生听的需求。上课听讲，外在的要求是必要的，但内在的需求更重要。如上述"年、月、日"一课的教学片段，教师首先要思考的是，为何让学生听这样的故事。学生从年历中不难发现，二月天数最少，七月和八月都是 31 天，一般会生成这样的问题：

为什么二月的天数最少？为什么七月和八月都是大月？课堂上，如果先让学生提出这样的问题，接下来的听故事就有了缘由，还能将"要我听"转变成"我要听"。

其次，让学生掌握听的方法。听，不是全盘接受，而是有批判地接受。如上述故事，学生听完之后应知其梗概，明白大、小月没有按规律交错安排的缘由。听的核心是思考。听伴随着观察、辨别、选择。平时常说的"听讲"，恰恰说明"听"和"讲"是在一起的。听，是接收信息；讲，是输出信息。听讲，就是要先听再讲。先听听他人是怎样说的、怎样想的，再表达自己的想法。如果他人讲得不完整，听完可以补充；如果他人讲得不正确，听完可以纠正；如果他人讲得精彩，听完可以赞许、鼓励与赏析。

最后，让学生体验听的收获。听要有成效。要关注学生听了没有，是否听完了。这是从学生的视角做出的审视。我们还要关注学生听完之后的变化，看他们是否有"获得感"。这是教师作为教育专业工作者不能忽视的问题。戴尔·H.申克认为，学习是行为或按某种方式表现出某种行为的能力的持久变化，它来自实践或其他的经历。学习的第一条标准就是行为或能力的改变。学习包含了发展新行为或者改变已有行为的意思。

教学中，学生的学，是在教师的干预与影响下进行的。学生是如何学的，学得如何，教师是必须考虑的。教师不能只问耕耘，不管收获。教师对学生的学习方式、学习过程与学习结果都应当给予关注。

我在教学"年、月、日"这节课的时候，也用上了恺撒、奥古斯都的故事。不过，我的教学处理方式和前述两位教师有所不同。

当下，学生上网搜索一下，古罗马恺撒与奥古斯都的故事不难找到。因此，我让学生课前收集与"年、月、日"有关的故事。课堂上，在学生提出"为什么二月的天数最少""为什么七月、八月都是大月"这两个问题之后，我邀请学生展示他们所收集的恺撒、奥古斯都的故事，并带领全班同学共读了这则故事。之后，我和全班学生一起回顾故事内容。

师：咱们一起来回顾一下这则故事。讲述的是哪个国家？

生：古罗马。

师：有两个皇帝，叫什么？

生：恺撒、奥古斯都。

师：第二个皇帝的名字和某个月份的名称有关，大家可以课后再查找资料了解一下。先说恺撒皇帝，他最初是怎样规定大、小月的？

生：单数的月份都是大月。

生：有一月、三月、五月、七月、九月、十一月。

（教师板书：大月1、3、5、7、9、11。）

师：小月呢？

生：双数月，二月、四月、六月、八月、十月、十二月。

（教师板书：小月2、4、6、8、10、12。）

（教师组织学生分别数大、小月的个数，然后算大月的总天数、小月的总天数以及全年的总天数。根据学生的回答，教师板书：$31 \times 6 = 186$，$30 \times 6 = 180$，$186 + 180 = 366$。）

师：366天，比365天多了一天，怎么办？

生：从二月里减去一天。

（教师将之前板书的"2"从小月中擦去。）

师：后来的皇帝奥古斯都，发现恺撒皇帝的生日在七月，那是大月，他的生日在八月，是小月。奥古斯都是怎么做的呢？

生：把八月改为大月，这样连续出现3个大月。于是他把九月改成小月，把十月改成大月，把十一月改成小月，把十二月改成大月。

（教师调整板书。调整之后，"大月"的后面为1、3、5、7、8、10、12；"小月"的后面为4、6、9、11。接着教师组织学生数大、小月的个数，然后算大月的总天数、小月的总天数以及全年的总天数。教师板书：$31×7=217$，$30×4=120$，$217+120=337$。)

生：还有二月的天数没有算。

（教师接着板书：$337+29=366$。)

师：又多了一天，怎么办？

生：从二月里再减去一天。

师：为什么要从二月里减呢？

生：因为被判死刑的犯人都在二月处决，二月不吉利，天数要尽可能少一点。

师：这样的历法，一直沿用到现在。所以，二月的天数最少，七月和八月是连续的两个大月。

我从故事中"拎"出以下数学问题：（1）一个大月是 31 天，一个小月是 30 天，6 个大月和 6 个小月一共是多少天？（2）一个大月是 31 天，一个小月是 30 天，7 个大月和 4 个小月一共是多少天？再加上 29 天，一共是多少天？在计算的过程中，学生初步了解了历法的变化与调整过程，对儒略历的认识、对大月和小月的规定不再停留于简单的接受。

故事，不仅要"听进去"，而且要"理一理""讲出来"。在这节课上，我关注听之前的驱动，听与听之后的回顾以及对相关问题的计算、梳理。学生在学习过程中的参与方式和参与程度不同，学习效果也就不同。

如果仅从教师的角度设计教学，类似"一说了之"的现象就会重演。如果教师能从学的角度思考如何让学习真正发生，如何让学生想学、愿学、学好，那么，教师的教学处理与安排就不会简单化甚至走过场了。

对学生的感觉多一些关注

教学四年级的"轴对称图形"一课，其中一个知识点是认识对称轴。一位教师是这样组织学生学习的。

在揭示课题"轴对称图形"之后，教师先引导学生回顾："在三年级时我们认识了轴对称图形，回顾一下，怎样判断一个图形是否为轴对称图形？"结合学生的回答，教师板书关键词"对折""完全重合"。之后，教师板书"对称轴"，说道："今天这节课，我们还要认识轴对称图形的对称轴。你们觉得什么是对称轴？"

几名学生依次作答："中间那条线。""把图形分成两部分的那条线。""对折的那条线。"

教师指出："大家的感觉都是对的。对称轴，就是之前对折形成的折痕所在的那条直线。"

人对客观事物的认识，是从感觉开始的。中国台湾作家林清玄曾写道："垦地播种的人都有一个经验，花未发而草先萌，禾未绿而草已青。"为何？原来草籽早在耕种前就已经存在。在学生学习新知的过程中，我们关注过他们头脑中原有的"草籽"吗？原有的"草籽"，能否长成禾苗呢？"草籽"，其实也相当于学生学习新知前的"感觉"。学习，是需要感觉的。如果学生对所学内容一无所知，很容易在学习过程中产生"防御反应"。而如果学生对所学内容有所接触、有所感觉、有所知晓，且在学生的"最近发展区"之内，那接下来的学习学生将会充满信心和动力。

我想起了"图形的放大与缩小"一课的教学。在日常生活中，学生已经积淀了有关"放大"和"缩小"的认识：放大，使其由小变大；缩小，使其由大变小。基于此，教师尊重学生的已知，组织学生在敞亮"感觉"的过程中建构对图形"放大"和"缩小"的正确理解。

我先出示图4-2，然后演示分别把图4-2放大成图4-3、图4-4、图4-5。

我指出："如果按照我们平时的想法，与图4-2比，图4-3、图4-4、图4-5这三幅图都放大了。不过，这三幅图中，只有一幅图符合数学意义上的放大。你认为是哪一幅呢？"

图4-2　　　　　　　　　　图4-3

图4-4　　　　　　　　　　图4-5

学生凭着自己的感觉，都认为是图4-5，并且能解释自己的感觉——图形放大时，长和宽放大的倍数应相等。

我接着出示图4-2的尺寸（长3厘米，宽2厘米）和图4-5的尺寸（长6厘米，宽4厘米），让学生说说图4-2是怎样放大的。学生用学过的"倍"的说法表达怎样放大之后，我提出问题："能用'比'表达吗？也就是说，图4-2按照几比几放大成图4-5？"学生凭着自己的感觉，有的说"按1：2放大"，有的说"按1：4放大"。接下来，我组织学生阅读、自学教科书。

在以上教学片段中，同时对比呈现图形的"拉伸"与"放大"，学生潜在的感觉（放大，长和宽都要放大）得以明晰、强化。进而，我又借助反例，以反衬正、以反激正，促进学生完善认识——"放大时，长和宽放大的倍数应相等"。在完成对"放大"的定性认识之后，我紧接着组织学生探讨关于放大的定量刻画。学生大多认为把图4–2的边长扩大2倍，即按1∶2放大，就变成了图4–5；也有学生认为图4–5的面积扩大到原来的4倍，于是做出"1∶4"的回答。而按数学上的规定，答案是"2∶1"。我先让学生把感觉表达出来，继而引发学生看书自学的内在需求，并在交流中去伪存真，实现概念替代。

学生的感觉，有的对，有的错。无论对与错，都反映了学生真实的认识水平与学习起点。数学学习，应在学生的原有基础上展开。

教学中，不仅要尊重、接纳、利用学生的感觉，还要有意识地培植学生的感觉，让感觉支持后续的学习。如在一年级的数学游戏活动中，一名学生用玩具"扣条"拼出一把扇子（如图4–6所示）。

图4–6

教师鼓励学生继续拼下去，学生拼成了以下图形（如图4–7所示）。

图 4-7

学生很惊讶地发现，拼出的图形很像圆。有的学生说："用三角形拼成了圆。"有的学生说："圆可以分成很多个三角形。"教师笑而不语。尽管学生的表述不太准确，但学生已经积累了一些感觉，比如，圆沿着半径可以分成若干个近似的三角形，或者说，若干个完全一样的等腰三角形可以拼成一个近似的圆。等到小学高年级学习圆的面积时，此时播下的"种子"或许会萌发出来。

如果学生的学习多了一些感觉，那么他们在学习过程中，也就多了一些欣喜与轻松，多了一些自悟与惊奇。

对学生的感觉多一些关注，意味着教师目中有人，尊重学生的已知；意味着教师在组织学生学习时遵循学生的认知心理与规律；意味着教学更多的是让学生在已有的起点上自主前行。

警惕课堂学习的"浅尝辄止"

在一次"长方形、正方形的面积与周长"同课异构活动中，两位教师执教了这一内容。这是一节复习课，课前，两位教师都让学生完成了整理复习材料，其中都有以下表格。

	意义（图示）	计算方法		单位
		长方形	正方形	
面积	用蓝色涂一涂。			
周长	用红色描一描。			

在第一节课上，教师组织学生展示所填写的表格，然后汇报各自是如何填写的。课上得顺顺当当，风平浪静。

在第二节课上，教师先组织学生同桌之间交流各自是如何填写表格的，然后让所有学生把含有这张表格的整理复习材料纸扣在课桌上。

教师提问："这节课，复习什么？"学生回答之后，教师板书"周长""面积"。教师接着提问："这一学期，我们学习了面积，为什么要把上个学期学习的周长放在一起复习呢？"

学生想了想，然后回答："有联系。"

教师指出："对的，面积与周长有联系，我们可以将它们联系起来进行复习。不过，它们又有不同，我们还要注意比较。那么，从哪几个方面进行比较呢？"

全班没有学生举手。

作为听课教师的我，一时感到纳闷：学生课前都已经填写表格了，刚刚同桌之间也交流了，怎么还说不出来呢？

教师让学生将整理复习材料纸翻过来，看一看表格，然后再扣过去，回答"从哪几个方面进行比较"这一问题。结果，学生仍未能完整地说出从哪几个方面进行比较。教师组织学生再一次看材料，在学生做出完整回答之后，教师板书"意义""计算方法""单位"。接着，教师画表格线，黑板上出现了一个空白表格（与上述表格相同）。学生逐一填写表格，其余学生辨析填写是否正确。

与第一节课比较，第二节课上得一波三折，学生学得磕磕绊绊。不少听课教师认为，第一节课的教学处理挺好，教师放手让学生展示、交流整理复习材料，充分体现了学生学习的主体性；而第二节课的"节外生枝"是教师故意"设局"。但是，我不这样认为。

教师在整理复习材料中设计了表格让学生课前填写，是让学生对长方形、正方形的周长与面积的有关知识进行整理。不过，学生对这样整理的认识可能是肤浅的。为什么用表格的方式进行整理，为什么将面积与周长联系起来，从哪几个方面比较面积与周长，这些问题学生通常不会主动去思考。在第二节课上，学生难以完整地说出从哪几个方面比较面积与周长，恰恰说明学生忽略了对整理方法的思考，并没有真正学会整理周长与面积的有关知识。也就是说，教师精心设计表格，让学生将知识间的联系与不同整理出来，看似是学生在做，其实是教师越俎代庖。整理的方式都是教师为学生准备好的。因此，知识之间的联系与不同看似是学生"清楚"的，其实是教师"清楚"的。

在第一节课上，教师让学生展示、汇报课前的整理。看起来学生没有问题，其实学生的问题被掩盖、遮蔽、忽略了。看起来课上得很流畅，其实只是一种表面现象。

在第二节课上，教师在学生同桌之间交流课前的整理的基础上，让学生不看表格，回顾整理的过程，并结合学生的回答，相机完成表格的绘制。学生经历了表格的动态生成过程，对整理的方法就有了更加深刻的体验，对所学的知识就有了更为深刻的认识。

也就是说，教师基于学生的学习表现、学习情况，针对学生学习的薄弱点、空白处，组织学生将接受型学习与研究型学习结合在一起。这样的课堂满足了学生学习的需要，能听到学生"生长拔节"的声音。

我们都在说，要让学习真正发生，而这不应当成为一句时髦、漂亮的口号。教师要切切实实地关注并研究学生学什么，在学吗，学会了吗。课堂，忌玩花架子，不应走过场。教师不要被学生表面的"表现"蒙蔽了双眼，而要引导学生真正走向"实现"。有意义、有价值的学习，不应是浅层学习，而应是深度学习。

就学习内容而言，作为教师，我们要分析学生已经会了什么，还应当得到怎样的发展。例如，对于"平行四边形的面积计算"，学生通过自学教材，可以知道平行四边形的面积计算公式，也可以习得面积计算公式的推导过程与方法。但在教学过程中，教师不应停滞、满足于此，不应不作为，而应引导学生想一想为什么，即让学生意识到，还可以思考为什么要把平行四边形剪、移、拼成长方形。这是学生通过看书学不会的，也往往是学生不会主动去思考的问题。教师主动揭示这一问题，能促进学生感悟"化归"的数学思想方法，逐步做到知其然，知其所以然，让思考走向深刻。进一步说，学生不仅要在具体学习中掌握知识，更要在具体学习中逐步学会学习。上述第二节课，教师不仅让学生复习了面积与周长的联系与不同，而且让学生学会了"用表格整理所学内容"这种梳理复习的方法。

就学习过程而言，教师要认识到，放手让学生学习就能实现学生探究性、理解性学习，这是一种教条主义。在教学中，要注意培养学生的深度学习能力，注重培养学生学习的主动性、独立性、体验性和问题性。教师的作用不可或缺。无论如何突显学生"学"的地位，教学中的"学"都是在教师的干预和影响下进行的。课堂不能只要"学"不要"教"，而应通过更得法得体、更高水平的"教"来促进"学"。上述第二节课中，教师的"无事生非""不依不饶"，让学生的学习从简单的复制走向积极的建构。倘若教师缺位，可能学生就会一直在学习的浅处转圈。课堂中，教师审时度势、适时适度地介入，应体现为组织、引导、促进学生对重点、难点的聚焦，对疑点、易错点的关注，以及对"方法"的提炼，对"思想"的感悟。

法国学者安德烈·焦尔当指出，教学的作用只能是组织一些条件，以促进对另一种行为、另一种知识的探寻。在教学过程中，如何防止浅尝辄止？教师点石成金，学生破茧成蝶，正体现在这里。

学生也可以是"供题者"

这是"平行四边形的面积"一课的教学片段。

课前，教师组织学生自主学习有关平行四边形面积的内容，且让学生选择一道有关平行四边形面积计算的题目并解答。

课中，在交流了平行四边形的面积计算公式及其推导过程与方法之后，教师邀请学生展示他们选择的题目。

一名学生展示了题目："一块平行四边形的玻璃，底是 50 厘米，高是 70 厘米，它的面积是多少平方厘米？"在学生交流了这道题目怎么解答之后，教师说道："这是应用平行四边形面积计算公式解决的一道基本题。其他同学所选择的题目有一些变化。接下来请大家交流有变化的题目，并且将它与这道基本题进行比较，变化在哪儿，又有什么联系。"

另一名学生展示了题目："一个平行四边形的面积是 480 平方分米，它的底是 60 厘米，则高是多少米？"有学生分析："这道题目和之前的不同，原来是求面积，现在是求高。"又有学生接着分析："两道题目也有联系。原来的基本题是已知底和高，求面积，是把平行四边形的面积计算公式正着用的；这道题目是已知面积和底，求高，是把平行四边形的面积计算公式倒过来用的。"还有学生补充："这道题目的单位有变化，要注意。"

又一名学生展示了题目："一个平行四边形的停车场，底是 63 米，高是 25 米，平均每辆车占地 15 平方米，这个停车场一共可停多少辆车？"有学生分析："这道题目比基本题多了一个条件。"还有学生指出："基本题是一步解答的，这道题目是两步解答的，即在求出平行四边形的面积之后，再求停多少辆车。"

这时，一名学生举手自荐她的题目："我的题目也比基本题多了一个条件，但解答还是一步的。"这名学生展示她选择的题目："一个平行四边形相邻两条边的长度分别是 12 厘米和 8 厘米，已知其中一条边上的高是 10 厘米，求这个平行四边形的面积。"其他学生读题、比较、分析……

回看这一教学片段，我们发现，它与以往数学课堂相似的是，呈现了一道道数学题目，学生分析解答；不同的是，呈现的题目是由学生提供的，而不是由教师提供的。从课堂上学生的表现来看，他们更为活泼与踊跃，一个个争先恐后地要把自己的题目与别人分享。

课堂上，教师提供练习题目，学生遵照安排进行练习，这样的场景我们太熟悉了。不过，这样的方式，教师统得过死、牵得过多，学生亦步亦趋，个性受到了压抑，渐渐地就成了"圈养动物"，失去了自己"觅食"的能力。

课堂的改变源自教师教学方式的改变。上述教学片段中，教师所做的改变是，让学生提供题目，并自主地练习。这样的改变，对学生来说，有以下价值。

一是增加了练习内容的选择性，提高了学生学习的积极性。以往教师出题，全班学生练习的题目完全相同。让学生提供题目，改变了这一格局，学生拥有了练习的自主权，变被动地等待为主动地参与，从而释放了学习的激情与能量。

二是丰富了练习的方式，提高了思维的含量。当下，练习题类的教辅品种繁多，鱼龙混杂，但我们不能说所有的题目都是粗制滥造的，总有一些"好题"需要慧眼识别。课堂上，练习的题目从何而来？是学生自己从若干题目中选择出来的。我们要认识到，解答题目是练习，选择题目也是练习。因为在选择题目的时候，学生也就思考了这道题目考查什么，怎么分析，要注意什么。无疑，这些都是练习过程中不可或缺的思考。练习不一定都要动笔写出来。动脑才是练习过程中更需要强化的。

三是在题目呈现、交流的过程中促进了学生的深度学习。课堂上，组织学生分享各自选编的题目，学生既是资源的创生者，也是资源的受益者。他们在比较、辨析、沟通、交流等活动中获得了更大的发展空间。除了对如何解答题目进行常规式分析，还可以组织学生就所选的"好题"做进一步分析：题目"好"在哪儿？学生提供的不同题目之间是否有联系？倘若学生提供的题目有"漏洞"，还可以组织学生辨析，发现"漏洞"，并思考、交流如何"打补丁"。比如，上述教学片段中，学生分析了题目是如何变化的、题目之间的联系是什么。如此，学生对所练题目的结构与特征的认识就更深刻了。

这样的改变，增加了教学过程的开放性以及教学结果的实效性。练习的题源与过程，从依靠教师一个人变为依靠全体学生，所有的学生都被发动起来，创造性地展开自主学习。我们要相信：一个班级学生群体的力量远远超过教师一个人的力量。这样的教学依靠了学生，发展了学生。

现在的问题是：这样的改变可行吗？也就是说，让学生做"供题者"，能实现吗？

在学习的过程中，学生能做什么？可以做什么？教师首先需要思想上的解放，即打破"历来如此"的思维樊笼，继而更需要行动上的摸索、反思、调整与再实践。让学生做"供题者"，教师要做一个组织者、引导者、促进者。

组织，即设计与安排学生"找题"的学习活动，放手让学生自己去找题，并在这个基础上让学生改题、编题。

引导，即对学生"供题"的学习活动进行必要的指点。在教学过程中，可以引导学生分析他们所选的题目，用具体的案例让学生认识到，那些容易出错的题目，看似很难其实不难的题目，和另一道题目看似很像其实有较大差异的题目，解法十分多样的题目，解法特别巧妙的题目，还可以变化、改编（也就是具有生长性）的题目，一看感觉不会、有挑战性的题目，就是我们要供给全班交流、研讨的"好题"。

促进，即对学生"供题"的学习活动要有合适的激励措施。比如，将学生所选的题目在课堂上展示交流，就是一种肯定；将学生的"好题"拍成照片，保存在电脑中（用学生的话来说，就是"存进老师的档案"），也是一种激励。教师更要让学生认识到，我的作业就是我的作品，我应该积极地做学习的主人；跟别人分享我的作品，是一件非常美好的事。

在教学中，我们不能总是把学生作为"受方"，也可以把学生作为"供方"。解放了学生，也就解放了教师，解放了教学。

为什么学生常常无话可说

课堂上，经常可以看到这样的场景：教师提出问题，学生的回答只有干巴巴的几句话。学生无话可说时，教师很无奈，只能以自己的讲解替代学生的言说。

教师的期望是，学生表达自己的想法时，能侃侃而谈、滔滔不绝。学生发现自己的想法与同学的想法不同时，会毫无顾忌地陈述自己的想法，而且能在同学发言之后"接着说"。比如，同学的发言不完整，当场进行补充；同学的发言有错误，马上给予纠正。然而，这样的期望常常不能成为现实。

期望与现实的巨大差异，让我们不得不追问：为什么学生常常无话可说？

可能，学生难以用语言陈述自己内在的想法。学生有想法，甚至想法比较多，但表达能力较差，导致"茶壶里煮饺子，倒不出来"。例如，一年级的学生特别喜欢画画。或许，在成人看来，他们是画着玩的，涂鸦而已。但实际上，因为受语言、文字表达能力的限制，他们把画画当作一种表达方式，用画来表达自己的想法。

可能，学生觉得回答问题时要说"对的"想法。或者说，学生不愿表达"错的"想法。其实，在课堂上，学生和教师、同学交流时，不仅可以说"对的"，而且可以说"错的"，关键是要说自己真正的想法。一个问题的正确答案通常是相同的、唯一的，而错误答案往往花样百出，各有各的不同。就那些错误的想法进行交流，可以以反衬正，在对比中加深学生对正确想法的认识与理解。

可能，学生觉得回答问题时要说"老师想要我说的"。或者说，学生不敢表达与教师不同的想法。为何会如此？因为教师"钓鱼式"的提问让一些学生认为，只有符合教师预设的想法，才是所谓的"好"想法。我们经常可以看到这样的教学场景。数学课上了一大半，教师问全班学生："对于今天所学的内容，大家有什么问题吗？"全班学生异口同声："没有。"教师继续问道："真的没有？"学生依然回答："真的没有。"接下来，教师双眉紧蹙、满脸诧异、语气急促，音量也提高了八度："真的吗？"此时，学生会改口回答："有！"学生究竟有没有问题呢？为什么一会儿有，一会儿没有？其实，在课堂上，很多学生已经学会了看教师的脸色、听教师的语气，揣摩教师的想法，从而见风使舵。他们往往不是说自己想说的，而是说"老师想要我说的"。而且，一些教师内心所期待的也是学生直奔教师预设的正确答案。当学生说出教师预设的正确答案时，师生就都"万事大吉"了。这很容易导致学生揣摩教师的想法。

看来，不是学生不说，而是学生说不出来；不是学生不说，而是学生不知道可以说什么。

课堂上，为什么需要学生言说呢？为什么学生的言说应该真实而丰富呢？

教师通过学生的言说，可以了解学生，让自己的教学建立在对学生的学习真实了解的基础上。教学要引发学生内在的变化。学生内在的变化如何显现出来呢？言说正是外化学生想法的一种重要方式。学生的言说，表达了他们对所学内容的认识与理解。学生不言说时，也就关闭了与教师、同学交流的通道。教师可以从学生的言说中了解并发现学生真实的学习起点、学习状态，并据此调整教学。

学生以言说的方式参与群体学习活动。课堂学习不是学生一个人在战斗，而是学生和一个群体携手同行。通过言说，学生可以与别人分享自己的想法，又可以在倾听他人言说的过程中补充、纠正、厘清自己的想法。语言是思维的外壳。言说可以触发学生内在的思维，促进学生建构自己的认识。

课堂教学中学生言说的必要性与重要性不言而喻，那么，如何让学生在课堂上打开话匣子？

首先，教师要帮助学生建立对课堂发言的正确认识。课堂发言是做什么的？是交流各自的想法，以说促思、以说引思；是分享、协作，共同学习。

其次，教师要对学生在课堂上交流的内容进行指导。最初，学生的言说只是一种自然状态。如何让学生言说的内容变得充实起来，是需要教师指导的。在课堂上，学生不仅可以说对的想法，也可以说错的想法以及不一样的想法；学生不仅可以说自己的想法，也可以说别人的想法。这样，学生在课堂上就逐步愿意说出自己的真实想法，进而安全、自由地把自己的想法呈现给大家。

最后，教师要注意给学生更充分的言说时空。教师可以延缓对学生发言的评价：学生说对了，教师不要立即肯定，不妨让学生继续解释与交流；学生说错了，教师也不要立即给予某种提示或暗示（学生往往听得出其中的意思），更不要立即否定。倘若教师过早地亮出自己的观点，学生就不再言说了，学生之间的自主互动也就不再发生了。教师不要很敏感地在意学生发言内容的对错，也不要让学生很敏感地在意自己的想法是对还是错。教师此时的"不说"，恰恰能给学生更多思考、言说的时空。

当学生在课堂上主动说、充分说、"接着说"的时候，学习正在发生。课堂的真实，不仅是对教师而言的，也是对学生而言的。即学生在课堂上能够表达自己真实的想法，能够安全而自由地知无不言、言无不尽。

我们所追求的不仅仅是学生说，更有价值的是学生外显思维，以说促思。说是学习的一种表现而已。要关注学生的说，更要关注学生是怎样学的、怎样学得更好。

学生的"发现"是否会再来

这节数学课的教学内容是"5的乘法口诀"。

学生在编出5的乘法口诀后汇报，教师同步板书如下：

一五得五

二五一十

三五十五

四五二十

五五二十五

接着，教师组织学生观察并交流："5的乘法口诀有什么规律？"学生依次回答："口诀的第一个字分别是一、二、三、四、五，依次加上1。口诀的第二个字都是五。""口诀的得数依次加上5。""口诀的最后一个字不是五就是十。""口诀的前面是单数，后面就是五；前面是双数，后面就是十。"在学生发言的过程中，教师不断夸赞学生，其他学生也不断地把掌声送给发言的学生。

当时在现场听课的我，总觉得这里缺少了一点儿什么。再琢磨，我觉得教师只是作为欣赏者鼓励学生，而没有作为指导者帮助学生。

教学是师生积极参与、交往互动、共同发展的过程。在教学过程中，教师集组织者、促进者、欣赏者、指导者等多重角色于一身。当下的课堂，"教师少教"的倾向性占据主流位置。但是我以为，比简单推崇"教师少教"更为重要的是研究教师"教什么""怎么教"，当然在此之前必须充分思考教师"为什么教"。

在学生交流各自"发现"的过程中，教师的确需要欣赏、鼓励学生的"发现"。不过，教师是否想过：这样的"发现"会不会是个别的，如何让它能被其他学生"发现"？这样的"发现"会不会是偶然的，如何让它能在后续学习中再现？毋庸置疑，这里，教师的指导不可或缺。

在学生交流各自"发现"的过程中，教师的指导，一要让全体学生真正搞懂这样的"发现"，而不是人云亦云地赞同，跟着别人鼓掌；二要让学生充分感悟"发现"的方法，体会学习内容对后续发展的作用。因此，教师要关注学生"发现"的过程，注意追问学生是怎么想到的；再从学生对想法的陈述中，捕捉对其他学生有启发的地方，并予以"放大"。

比如，上述"5 的乘法口诀"教学片段中，当学生说出"口诀的第一个字分别是一、二、三、四、五，依次加上 1。口诀的第二个字都是五"的时候，教师可以让学生对照口诀指一指，或者自己用彩色粉笔在黑板上圈圈画画，从而让学生意识到：这是竖着看"发现"的。同样地，"口诀的得数依次加上 5"，也是竖着看出来的。当学生说出"口诀的前面是单数，后面就是五；前面是双数，后面就是十"的时候，教师要组织学生对照口诀分析这个"发现"是否正确，从而使学生意识到：这是横着看出来的。此处，教师还应引导学生在观察中比较，寻找不同中的相同之处以及相同中的不同之处。

其实，学生的"发现"，通常并不是空穴来风，而是基于学习过程中的观察、比较、归纳、概括等。对此，教师不能做"甩手掌柜"，简单提出"你有什么发现"。教师必须有所作为，进行学习氛围的营造、学习方法的指导等。这样，学生才能有丰富深入的"发现"。

比如，教学"圆的认识"，教师设计了这样一组题目来引导学生"发现"。

先想一想怎样画，再画一画。

(1) 点 A 在圆上。

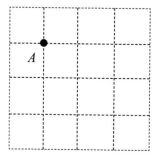

(2) 点 A、B 都在圆上。

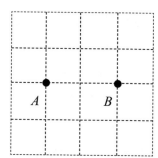

(3) 点 A、B、C 都在圆上（先在图中标出点 C，再画出圆）。

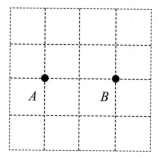

我的发现：＿＿＿＿＿＿＿＿＿＿＿＿＿＿＿＿＿＿＿

＿＿＿＿＿＿＿＿＿＿＿＿＿＿＿＿＿＿＿＿＿＿。

对于第 1 题，教师先让一名学生画圆，得到图 4-8。然后组织其他学生辨析："点 A 在这个圆上吗？"其他学生确认后，教师再让这名学生指出该圆的圆心，并标注字母。接下来，教师在学生标注的字母"O"的右下角补写数字"1"，告诉全班："这是他画的圆 O_1。"紧接着教师提问："有没有圆 O_2 呢？"一名学生迫不及待地拿着圆规要画第二个圆。教师紧急叫停："这个圆你不用画了，在图上标出圆心，让其他同学想象一下就行了。"这名学生在图中标出点 O_2，接着又一名学生标出点 O_3，得到图 4-9。

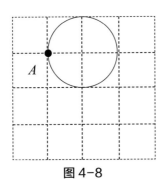
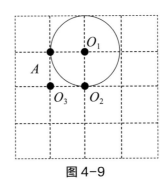

图 4-8　　　　　　　　　　　图 4-9

当学生准备标注点 O_4、O_5 时，教师示意学生暂停，让学生观察画出的圆 O_1，想象只标出圆心的圆 O_2、圆 O_3，思考这 3 个圆是否一样。学生回答"不一样"后，教师追问："哪个圆大？为什么？"学生说："圆 O_2 最大，因为它的半径最长。圆 O_1、圆 O_3 同样大，因为它们的半径都是一格长。"教师继续追问："圆的大小由什么决定？圆 O_1、圆 O_3 大小相同，但位置不同，什么决定了圆的位置？"通过对 3 个圆进行观察、想象，学生发现：圆的大小由半径决定；圆的位置由圆心决定。

学生还想画圆 O_4、圆 O_5，教师示意学生暂时不画，让学生思考能画多少个圆。当学生意识到所画的圆不一定在图中这些方格之内时，他们发现：能画无数个圆。

接着，教师组织学生交流第 2 题。第一名学生标出了圆心 O_1，第二名学生标出了圆心 O_2（如图 4-10 所示）。教师示意学生暂停，让学生想象这两个圆，说出这两个圆的半径分别是多少。然后，教师用圆规在图中示意画出圆 O_1、圆 O_2，让学生比较想象中的圆 O_1、圆 O_2 和教师要画出来的圆 O_1、圆 O_2 是否相同。

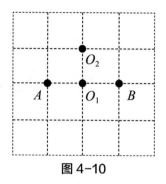

图 4-10

教师用手势示意，学生相继标出了 O_3、O_4、O_5（如图 4-11 所示）。教师示意："圆心在 O_5，想象所画出的圆；继续往下移动圆心的位置，想象所画出的圆。"接着教师轻轻提示："发现什么了？"学生回答："圆越来越小了。"当教师示意圆心的位置到达点 O_1 时，学生大呼："最小的圆。"教师示意继续向下移动圆心的位置，学生发现"圆又越来越大了"。

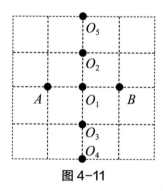

图 4-11

这时，一名学生惊呼："噢，这道题也能画无数个圆。"全班学生鼓掌。教师追问："大家观察一下，这无数个圆的圆心在哪儿呢？"学生用手势示意圆心都在一条直线（即线段 AB 的垂直平分线）上。教师指出："这条线有个名字，中学期间你们会学习。"

还没等教师说交流第 3 题，一名学生抢话："我猜第 3 题也有无数种画法。"一名学生呼应："是的，点 C 的位置不确定。"一名学生抢

着标注了点 C_1，然后标注了圆心 O_1（如图 4-12 所示）。一名学生补充："我觉得第 3 题中点 C 确定后只能画一个圆。"全班学生鼓掌。另一名学生补充："不过，点 C 的位置可以有无数种情况，所以画的圆也有无数个。"学生纷纷点头。教师出场："是的，点 C 确定了，圆也就确定了。不过，点 C 在哪儿，还真有无数种情况。大家课后请继续思考：点 C 在任意位置都可以画出一个圆吗？是否有这样的情况，即点 C 在那儿，但画不出一个圆呢？"

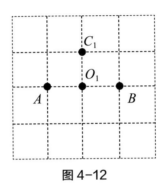

图 4-12

学生的"发现"从何而来？播下种子，才可能有收获。上述"圆的认识"教学中，教师不断变换角度提出问题，启发学生想一想之前可能没有想过的内容。如是思考，学生的"发现"一定在不远处。学生的思维方式也一定会得到改善和提升。

叶圣陶说："学生自己动脑筋，得到的东西格外深刻。光听老师讲，自己不思考，得到的东西就不太深刻。"孟子云："思则得之，不思则不得。"回顾上述教学过程，学生不断有发现，那是"新"的发现，也是"心"的发现。学生充分经历挑战，感受一波三折、跌宕起伏的思考过程，一次次获得"解放感"，体会怦然心动的认识突破。这样的学习过程是非常美妙的。

总之，教师的不作为不仅包括对学生的学习行为（纪律）视而不见、放任自流，导致课堂混乱无序，也包括对学生的学习结果（想法）不闻不问、听之任之。"教学生六年，想学生六十年"，我们应当努力将这样的理念体现在日常教学中。教师在教学中的指导不缺位，学生的"发现"才会源源不断。

我所理解的学生的学习

学生学习的过程，就是学生与教师、学生与学生、学生与世界交往互动的过程。教师站在学生的角度去思考"学什么""怎样学"与"为什么学"，将有助于学生从被动学习走向主动学习。教师既要研究教，也要研究学。如果教师不站在学生的立场思考学习问题，教师也就拒绝了学生学习的真相。

学生学习的过程，就像一个"圆"不断被放大的过程。后期的学习，都是在前期学习的基础上，兼容前期的已有，不断扩展着已有。

学生的学习，不总是按照既定的"进度表"加以实施。数学学习，并非简单的从无到有的累加过程，也不是一个不断地由错误转向正确的单向发展过程。学生的认识是一个不断演变、深化的过程，并可能出现一定的反复。一节课到底学什么，似乎教材中都已经有了比较详尽的安排，然而，当学生充分展开思考、自主学习之后，他们未必就完全按照教材的框框来学习了。学生的学习内容，并不完全由教材、教师一厢情愿地圈定。教师要将学生的所思所想作为教学内容和资源进行整合、优化。

学生在学习的过程中，认识出现"越位"或"暂不到位"的情况，实属正常。学生的学习进程并不像动车组列车的运行那样精准。即便大家公认比较准点的动车组列车，运行早点与晚点的情况也时有发生。教师不应也不能简单地对全班学生做统一的、带有强制性的要求。

不同的学生，有着不同的学习需求和学习速度。这本是常识，但遗憾的是，我们常常采用工业化的思维方式，用固定不变的速度教所有学生相同的内容。说到底，这依然是以教师为中心的教学。课堂学习过程中，大部分学生能走三步，个别学生能走五步，还有的学生只能走一步。走三步的学生常常"绑架"了走五步和走一步的学生。公平与公正的教学，应该是促进每个学生在各自原有的基础上得到尽可能大的发展。学生都在"向前走"，但不是"齐步走"，而是以自己的"节奏"与"速度"在原有的起点上向前走。

学生学习的过程，不应当像暴风骤雨般的拳击比赛的过程，而应当像舒缓连绵的打太极拳的过程。对学生在学习过程中的一些核心问题，教师要舍得花时间，让教学慢下来。

学习，从已知走向新知。课堂上，先交流学生已经知道的，在交流过程中，学生相互补充、修正、完善；教师相机穿插追问、引导，促使学生的认识走向深入。这一过程，也是学生学习新知的过程。

课前学习与课堂学习有关联，但又有区别。课前学习，往往停留在"获取信息"的层面；在课堂学习中，教师通过组织、引导，促进学生的学习走向深入，强调"理解"。

学生已有的学习经历支撑着后续的学习。这里所说的"已有的学习经历"，不仅包含他们已经学习了什么，还包含他们已经经历的学习方式与学习情感体验。即，他们以前是怎样学的，影响着后续的学习；他们对这门学科的情感与态度，牵连着后续的学习情感与态度。

在学习过程中，每个学生都在建构属于自己的意义。而教师的组织、引导、合作等会直接影响学生的学习主动性、投入程度、学习效率和学习结果。这是教师工作的价值所在。

学习不等于课堂学习。学生形成知识、思想、方法，是不受课堂时间和空间限制的。因此，教师需要整体、系统地考虑学生的学习进程，而不是"黄泥萝卜 —— 擦一段吃一段"，要有长远的眼光与意识。教师要把课堂 40 分钟置于学习的全程中加以考虑。课堂不是学生学习生活的全部，只是其中的一个组成部分。将课堂学习置于学生的学习全程中考察，它就是学习的一个片段而已。

没有教的学，只是人在原始本能驱动下的自生自长。学校教学，要让学在教的引导下从自发走向自主与自觉。让学生学会学习，应是教的核心任务。为学而教，就是为学习而教，为学会学习而教。教师要看得见学生的学习，那就要尽可能放手让学生自主学习。但放手绝不等于放任不管。在学生学习的过程中，教师不仅要关注学生学了什么，更要关注学生是怎样学的，还要关注学生在学习过程中的情感、态度如何。在学生学习的过程中，教师要不断思考：怎样教，才能更好地促进学生学习？

通过一两节课，让学生爱上某一学科，这往往是一种"美谈"，是一个"童话"。因为，人的认识和情感是很难在如此短的时间内发生变化的。不过，要让学生爱上这门学科，需要教师一节课又一节课的努力。

课堂中，学生互教互学。这里的"教"，不是简单地告诉，而是我把我的想法与你分享，你把你的想法与我的对照；这里的"学"，就是在分享、对照的过程中建构自己新的认识。学生的学习，从参与主体的角度可以分成三种：学习者的自我学习，通过教师讲授指导的学习，通过同伴影响的学习。在我们的课堂中，是否有厚此薄彼或顾此失彼的现象？

一节课，如果教师讲得眉飞色舞，我们往往会觉得它缺失了学生的活动，这样的课堂有问题。不过，如果这时学生都在非常专注地聆听，你觉得还有问题吗？

课堂中，学生的主动活动是难以自发推进教学进程的。没有教师，几乎不可能产生高质量、有效的互动，学生将可能变成一团散沙，教学也就失去了原初的意义。教师的作用应当是什么？不妨比较一下，有教师的课堂与没有教师的课堂差异在哪儿。

小学生在学习活动中有这样一个特点，那就是喜欢"勇往直前"，不太愿意回头看路。因此，在学生学习的过程中，教师要经常引导学生"回头看看走过的路"。学生走走停停，回头看看，不仅有利于知识的理解和再认识，而且对形成自我调节的意识与能力也是非常必要的。

课堂是学生学会学习的地方。教师要关注与研究的是，学生是怎样学习的，我们期待学生怎样学习，进而要努力的是，如何从实然走向应然。

第五辑

观课之思

听课时，你坐在哪儿

对教师来说，上课、听课，是日常教学工作中少不了的两件事。"听课"是一种口语的说法，也有"观课"一说，还有比较学术化的说法——"课堂观察"。

我们可以通过录像的方式对课堂进行观察，但我更倾向于在课堂现场进行观察，这样更容易产生同步互动的即时感，从而激活自己的思想。这也是许多学校组织校本研修活动的初衷之一。在课堂现场，深入课堂教学现象发生与教学规律呈现的场域之中，分析、解释课堂教学中生成的现象，探索、发现课堂教学的科学规律。

我想到了一个问题：听课时，你坐在哪儿？

回答这个问题，曾经的我们几乎不需要思考。我们会很自然地选择坐在教室的后面，这几乎成为习惯。一般我们走进教室前，教室的最后一排已经放置好了凳、椅，等待听课教师入座。

坐在教室的最后一排，我们可以看到上课教师的一举一动。不过，你是否注意到，我们看到的都是学生的后脑勺？不由得想起了女儿小学五年级时在我的笔记本电脑上涂鸦的一幅画——她其实是画着玩的，我看到后，将这幅画保存了下来（如图 5-1 所示）。这幅画呈现的是他的爸爸——一个数学教师上数学课的场景。的确，我是她的爸爸，也是一个数学教师，但我不是他们班的数学教师。在她的想象中，我上课大概是这个样子的。为了表明是我，她在人物的衣服上标注了我的姓名。

图 5-1

从这幅画中，我们能看到什么？教师、学生、黑板、板书、粉笔、黑板擦，这些一个都没有少。教师还提了一个问题："会了吗？"学生异口同声："会了。"和教师正面、清晰的形象形成鲜明对比的是，她在画面右下角用大小不同的 4 个黑色的圆表示学生。画面中的学生，只是几个看不清面部表情、符号化的后脑勺而已。

这样的画面，也恰恰是我们坐在教室的最后一排所看到的。

课堂是由教师与学生共同构建的。听课、观课，在看教师怎么教的时候，更应当看一看学生是怎样学的，要看学生的学与教师的教之间是如何互动的。具体地说，我们既要看学生操作、思考、表达、与同伴交流等学的表现，又要看教师如何组织、引导、促进等教的行为。由此看来，听课时，比较好的座位选择是在教室内学生两侧的中间偏前的位置，这样，可以纵览全班，既可以看到教师的一言一行，也能把学生的一颦一笑尽收眼底。

还要指出的是，教师在听课时，要尽量减少对学生的干扰，不要影响学生学习。

"听课时，你坐在哪儿"，这大概是一个容易被忽略的细节问题，然而，细节问题传达的未必是细微的思考。"一粒沙中看世界"，关键是如何从一粒沙中看到世界。你看世界的视角，也许正反映了你心中的世界。

世界上不是缺少美，而是缺少发现美的眼睛。罗丹的这句话，我们耳熟能详。我将其改一改，表达我的想法，也作为本文的结语：世界上不是缺少美，而是我们的眼睛没有找到发现美的角度。

听课时，你记录了什么

听课时，每位教师都会在听课笔记本上做记录，有的甚至忙得头都抬不起来。那么，听课时，你记录了什么？

之所以问这个问题，是因为我曾经不会记听课记录。记得在读师范的时候，第一次去小学见习并听课，坐在教室里我一时间不知道自己该写什么。在我的印象中，没有老师教我们怎么做听课记录。上课，我们有教案可以参考学习，但听课记录没有什么可参考。回校后，请教学哥学姐，然后按照他们的指导记录课堂中的师生对话。我至今仍清晰地记得，他们教我们在记录时，用"T"表示教师，用"S"表示学生，这样记录起来更快。上课时教师说了什么，学生说了什么，我也就记录什么。整节课，我像速记员似的，奋笔疾书，竭尽全力把教师和学生的每句话都记录下来。至于记录下来干什么，我不知道，也没有去想。现在想想，那样的记录大概可以说明自己听过课了，作为听课的"物证"。不过，在这样忙碌的记录过程中，教师自己对课堂也会有所感、有所知。

后来，我开始跳出具体的甚至烦琐的师问生答全程全景式记录，重点记录课堂教学的主要环节。我发现，慢慢地我能看懂课的结构，对课的认识也渐渐入门了。这样的记录方式，一直延续了十多年。

再后来，我在记录课堂教学主要环节的同时，也记录教师的精彩提问、学生的真实表现，并详细记录课堂中或有亮点或有遗憾的教学片段，在记录课堂教与学场景的过程中还写下我的随想、困惑以及我觉得需要关注和思考的问题。我的听课记录，有"骨架"，有"血肉"，内容更加丰富，也更趋个性化了，不仅仅记录自己听到的、看到的，还记录自己想到的。

现在想来，教师是在记录过程中学会记录的。也就是说，在记录过程中寻找到了自己的记录方式。

怎么记录？多年前，一支笔、一个本子就够了。后来，有了比笔记更为便捷的记录方式，录音或录像，都能真实地记录课堂。再后来，一部手机就能轻松搞定。现在则更为现代化了，据我所知，依托移动互联网技术，基于移动智能终端，已经有软件公司开发出一套多媒体课堂记录系统——"移动课堂笔记本"。它具有以下四个方面的特点：其一，轻松的记录方式，可以直接在手机或平板电脑上进行书写，也可以将书本上的笔记拍照后导入；其二，多样的笔记管理方式，可以按照时间、地点、科目等进行有效管理，方便之后查阅和研究；其三，独创的笔记分享，可以让精彩笔记有效传播，教师之间相互学习借鉴；其四，多媒体笔记支持，可以在笔记中插入多媒体素材，如音频、视频、图片等，让笔记内容更丰富。利用该系统，教师可以轻松地记录笔记、管理笔记、分享笔记，随时随地记录课堂的精彩。

我思考的问题是，有了录音笔、摄像机、移动课堂笔记本等设备与软件之后，我们在听课时，还需要记录吗？我们应该记录这些现代设备记录不了的内容。那是什么？在听课过程中，我们的思想被激活了，我们会生成一些想法。但思想的火花稍纵即逝，如果不及时记录下来，思想的火花可能会消失。而文字是记忆的保险柜。正如俗话所说，"好记性不如烂笔头"。不仅要原原本本地记录课堂实况，更要记录教师听课时生成的感受与想法，这些感受与想法具有场域性、情境性、即时性的特征。技术改变方式，而思想支配技术。一句话，你记录了什么，反映了你关注的是什么。

关于记录方式，不妨尝试混合式记录方式，即用录音笔、录像机完整采集信息，借助纸与笔记录听课过程中的思想火花。

我们更要思考：为什么要记录？把课堂记录下来做什么呢？或许老师会说“研究”。扪心自问，当时记录了，你回头看了吗？真的研究了吗？听课，不能停留于观望或欣赏阶段。记录，是为了对照反思，不仅仅是改进当下所看到的课堂，更要反思自己的课堂。记录的过程，也是激活思维、积累想法的过程。因此，记录之后，不要让记录的内容沉睡。

下面是我在听“5 的乘法口诀”一课时记录的片段（如图 5–2 所示）：

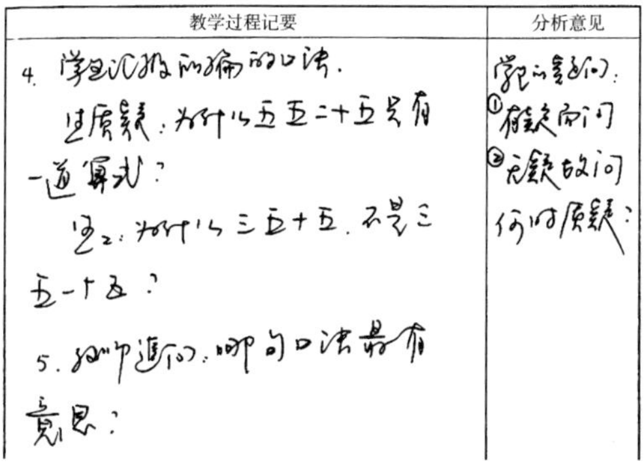

教学过程记要	分析意见
4. 学生汇报所编的口诀。 生质疑：为什么五五二十五只有一道算式？ 生2：为什么三五十五，不是三五一十五？ 5. 教师追问：哪句口诀最有意思？	学生的提问： ①有疑而问 ②无疑故问 何时质疑？

图 5–2

我记录了课堂的主要环节，记录了学生的两个“疑问”和我的随想。当时我的想法是，学生质疑，“疑”从何来？我觉得，学生的疑问有两种：一种是“有疑而问”，即问自己所不知不解的，如学生问“为什么说‘三五十五’而不说‘三五一十五’”；一种是“无疑故问”，即质疑者本身知道，但他人可能不知道，故提出问题让他人回答，如学生问“为什么‘五五二十五’只能算一道乘法算式”。当时我还想到，我们在教学中要注重培养学生发现问题、提出问题的意识与能力。那课堂中什么时候让学生提出问题呢？学生质疑，是否要等到教师提问——“对于今天所学的内容，大家有什么问题吗”？所以，我在听课记录中写下了“何时质疑”这四个字。

基于这样的思考，我的教学实践悄悄发生了变化。课堂中，我支持学生"无疑故问"，并让学生意识到应该问学习重点、难点以及容易出错的地方，这对他人和自己都有强化、提醒的作用。课堂中，鼓励并倡导学生"有疑而问"，有了疑问，随时提出来，而不是等到教师安排"质疑环节"才提出问题。当然，学生也可以先将疑问冷处理，课后再与教师交流。让学生的疑问得到表达，教师需要建立学生提问、质疑的"绿色通道"。

　　事实上，我的很多文稿，都是源自观课过程中的灵光一闪。重新温习当时的课堂，审视当时的想法，或丰富，或修正，我们个人化的观念往往会更深入、澄明，我们的行动会更审慎、有效。只有这样，听课记录才有意义与价值。

　　听课，是为了在观察中研究、发现问题，改进自己和他人的实践。研究听课记录，是为了更好地促进自己认识课堂、理解教学。我们所记录的课堂，并非蓝本，而是镜子。人是社会化的存在，人的成长离不开他人。做听课记录，能让我们的课堂与他人的课堂积极互动起来，让我们的想法、做法与他人的想法、做法"互联"起来。

　　由此，我们应该明白，以什么视角听课，关系到我们以什么样的视角上课。

听课时，你怎样打分

听课与评课，一般连在一起。听课，你是怎样打分的？下面是一份课堂评价表（见表5-1）。

表5-1 课堂评价表

一级指标	二级指标	评分
目标明 10%	1.教学目标明确而全面，符合课程标准和教材要求，满足不同学生的发展需求。	
过程优 70%	2.教学设计合理，操作演示正确，现代教育技术运用恰当。	
	3.教学内容突出重点、难点，呈现方式符合认知规律，容量、密度适宜。	
	4.有效创设学生自主、探究、合作学习的情境，重视学生对过程的体验。	
	5.关注学生正确的情感、态度、价值观的形成，重视健康学习心理和良好学习习惯的养成。	
	6.创设师生、生生互动的氛围，鼓励学生发表不同的见解，激发学生参与学习活动的热情。	
	7.反馈、矫正面向全体，形式多样，及时有效。	
	8.仪表端正、教态亲切，语言清晰，板书工整。	
效果好 20%	9.课堂气氛民主、和谐，学生学习主动、有效。	
	10.各层次学生都有收获，三维目标达成度高。	

一级指标	二级指标	评分
总分		
说明	总分85～100分为优质课，75～84分为良好课，60～74分为合格课，低于60分为不合格课。	

暂且不讨论这样的课堂评价表是否合理、科学。我关注的问题是，如果你用这张课堂评价表打分，是从上到下逐项打分，然后再合计得到总分的吗？

我是怎样打分的呢？通常，我先根据自己对课的整体感觉打一个总分，接着对照课堂评价表中的各项指标，结合课堂情况，把所扣的分数分解到其中的几项。比如，总分是95分，那就分别在几项中扣1分或2分，直到所扣分数合计达到5分为止，其余各项分别为10分，于是凑到了先前所打的总分。

为何给这节课打95分呢？因为它给我的整体印象好。如果打70分，那是因为整体感觉一般。把模糊的感觉用一个分数表示出来，这是先定性描述再定量刻画。

打分是为了什么？无疑是通过分数对课堂做区分。打分是一种量化的评价方式。细细想来，像我这样打分，其实是为了完成一项任务，已经偏离了其本意。

拉夫尔·泰勒认为，对人类行为的评估应该是一个分析性的过程，而不是一个单一的分数总结。当我们行走在路上的时候，不要忘记从哪儿来、要去哪儿。对打分的思考，应该回到本源性的问题，也就是原初性的"第一问题"：为什么打分？为什么评课？听课是为了什么？研讨又是为了什么？我以为，听课与评课，一个重要目的就是改进我们的课堂，让我们的课堂更好地促进学生发展。

想到了听课后在办公室中闲聊式的评课场景。当不需要给所听的课打分时，大家你一言我一语，很宽松地议课。一位教师说："今天这节课上，学生出现错误，为什么会出现这样的错误？教师在这节课上处理不当，后面如何矫正、补救？"另一位教师接着说："我认为这样的错误，是不可避免的……"又有教师插话了："这节课，教师根据学情对传统的教法做了调整……"在这里，我们能够听到真实的、坦诚的、自然流淌出来的关于课堂的声音。

相对于公开课之后正式的评课，上述办公室中的议课是非正式的，而这恰恰给了我们启示。

评课需要安全、自由的氛围。要让参与评课的教师从客套话中解放出来，敢于并乐于说真话。说真话，看似简单，很多时候却比说假话还难。季羡林先生曾诚恳而幽默地说："假话全不说，真话不全说。"不知从什么时候起，在正式的评课场景中，很多教师把自己包裹起来，一个个言说的是"正确的废话""真实的假话"。

评课的指向，要重在"析""议""研"，而淡化"评"。与"评"相关的含义有：评比，通过比较评定高低；评判，判断是非、胜负与优劣。所以，着眼于"评"的评课就是对教师的课进行价值高低和是非、胜负、优劣的判定。事实上，评课的目的并不是肯定或否定所听的课，而是表达各自对课堂的不同见解；不是求得统一的意见与评判，而是在交流碰撞的过程中重新建构各自对课堂的认识与理解。

评课的价值，不在于"证明什么"，而在于"改进什么"；不在于"鉴定出什么"，而在于"促进什么"。日常评课，不是终结性的，而是诊断性、形成性、成长性的。评课是理解教师的上课过程和行为背后的理念，并提出一些建设性的意见，而不仅是对操作合理性的评判，更不是对教师教学能力的定性评判。

评课的方式，不求全，但求就一点深入下去。任何一种课堂观察的方法，都不可能考虑到课堂的全部。评课，应集中话题，基于现象，超越现象，少一些整体感觉，多一些深入探讨。比如，关于教学目标，预设的是什么？课堂上如何达成？是否做了调整？为何调整？如何调整更恰当合理？后续一节课，如何拟定目标才能既保持连续性又有发展性？又如，关于面向全体，是泛泛而谈，还是实事求是？具体地，面对学生鲜活的个体"问题"，教师是视而不见，还是识时通变？教学处理方式是"对症下药"，还是"对人下药"？为何这样处理？是否还有不同的处理方式？

再看上述课堂观察表中的二级指标，共有10项，如果每项都这样"析""议""研"，那么每一项所要打的分数也就水落石出了。这时，我们就获得了比分数更重要、更有价值的东西。当然，像这样逐项研究下去，如果再打分，也不再是跟着感觉走了，至少面对"为什么打95分""为什么打70分"这样的问题时也能解释出一二，说出个所以然了。

观课时，勿成为《皇帝的新装》中的那些人

那天，女儿上完公开课回到家，一脸气愤，连连说道："老师怎么是这样上课的呢?！"当晚，她写下了周记《一节失望的语文观摩课》。下面是周记片段（注：原文中上课教师的姓，我改用"J"代替）。

上午第三节课，张老师带着一位陌生的老师来到我们教室。经过张老师简单的介绍，我们都知道了这就是下午要给我们上观摩课的 J 老师。J 老师高高的、瘦瘦的，戴着一副眼镜。不知怎么的，我一看到他就觉得他实在。和 J 老师低语了几句后，张老师就走出了教室。J 老师先详细地做了自我介绍，然后又请了几个同学朗读课文中的一小段。紧接着 J 老师提出了几个问题，并循循善诱地引导我们回答。

下午，当我们排队走到观摩课的上课地点时，我的心像装了一只兔子"怦怦"直跳，一边走一边想：这堂课是引人入胜，是感动人心，还是回味无穷的？随着 J 老师一声令下——"上课"，我们都精神抖擞地端正坐着。J 老师接连问了几个问题，我感到很奇怪："咦？这不都是上午讲过的问题吗？"这时 J 老师说："谁是语文课代表？"吴索拉被 J 老师请到了黑板前。"本班最不爱说话的是哪个？""华苡萱。"吴索拉如实回答。接着杨瑞、茅翰卿两个平时寡言少语的同学也被请到了黑板前。哎呀，如果他们三个回答不出问题，那不给我们班丢脸抹黑吗？还好，J 老师让他们回答的问题都是上午在我们班讲过的。吴索拉第一个回答，另外三人也纷纷发言。唉！我真为他们捏了一把汗。

我正在想课前 J 老师让我们查找关于"友谊""快乐""希望"的名言警句有什么用时，J 老师又叫我们用这三个词造句子。嘿嘿！我明白了，J 老师是让我们做假。

回到自己的教室后，张老师闷闷不乐，阴沉着脸说："大家都充满了热情，但是 J 老师这么做不合适。他叫大家搜集名人名言，目的就是想叫大家改几个词，变成自己的，骗过别人的眼睛，让别人以为同学们达到了很高的水平。"这时纪鑫忍不住插话说："上午他提的问题和下午的一样，还把答案都告诉了我们！""难怪他不让我在教室里。"接着，同学们你一言我一语抱怨起来，大家非常失望。张老师感叹道："我们宁可不上观摩课，也不干这种虚伪的事。"同学们连连说道："对！对！对！"

给我第一印象"实在"的 J 老师，在我的头脑中渐渐模糊了……

读完女儿的周记，我的内心五味杂陈。

为什么要上假课？或许上课教师也很委屈，甚至很无奈。因为这节公开课，代表了学校，代表了地区，只许成功不许失败，只能精彩不容失误。在一些人看来，如果这节课上得不好，就是给学校、给地区丢脸。对公开课不恰当的定位，导致教师的心理产生了异变，认识发生了扭曲。当公开课成了"面子工程"，讲台变成了舞台，教师组织、引导、促进学生学习的过程就会异化成"舞台秀"。教师更多的是在表现自己，而不是关注学生；更多的是在满足听课教师的需要，而不是关注学生的感受。

公开课，作为一种特殊的教学形式，为教师之间交流教学经验、互相学习提供了一个很好的平台，是提高教师专业能力的重要途径。在公开课上，不应该仅仅展示教师好的方面，而把问题掩藏起来。掩藏问题的公开课是表演，是作秀，是糊弄人的把戏，不是教学。教师若想真正探讨、解决教学中的问题，就应该把公开课当成一种呈现场景、交流研讨的平台。曾经有一位校长这样给上公开课的教师解压："谁说你的这节课代表学校的水平？它只代表你自己曾经上过这样一节课。"我以为，对一位教师，我们不会因为他某一节公开课上得好，就说这是一位好教师；也不会因为他某一节公开课有些瑕疵、问题，就下结论说这是一位糟糕的教师。我们每一位教师要努力的方向是，把每一节公开课上成家常课，把每一节家常课上成公开课。

此外，观课教师或许还在津津乐道这节课的精彩之处，却没想到这是一节假课。为什么我们常常对假课茫然不知呢？这可能是因为假课表演的手段太隐蔽了，穿上了"马甲"，让我们未能识别。但进一步思考，这往往与我们观课的视角和心态有很大的关系。观课时，我们往往关注教师的设计是否新颖、课堂实施是否顺畅、形式是否多样、教师素质是否优秀，而不关注教是否适合、支持、促进学生的学。我们还常常关注学生的表现是否精彩。学生怎样的表现才算得上精彩呢？往往是学生说出了超越班级中其他同学水平的想法，甚至是类似三年级的学生说出了五年级的学习内容这样揠苗助长式的表现。教师对学生的高期望值，往往脱离了现实中绝大多数学生的真实水平。这样的视角和心态，往往使观课者处于看一场时尚的、完美的表演的状态。观课者虽未造假，但观课视角的偏差、观课的不谨慎、在辨别真假方面的不作为，推波助澜了假课的畅行。这样的观课者，无异于《皇帝的新装》中的那些人。

让我们回到常识：公开课的价值是什么？呈现真实的课堂，探讨真实的问题。观课首先要判断它是否真实。离开了真实，所有的探讨都没有了意义与价值。真实表现为教师真实地面对学生，让学生真实地展示自己的想法，真实地互动交流，获得真实的长进。课堂可以有缺憾，但一定要真实。其实，一节课若完美无缺的话，往往是假课。真实课堂中的缺憾，恰恰带来的是断臂维纳斯那样的美。

读了女儿的周记，我不断警醒自己：学生的眼睛是雪亮的，糊弄不了，糊弄不得！感谢张老师！"我们宁可不上观摩课，也不干这种虚伪的事。"这样掷地有声的话语，带给学生满满的正能量，为这样的话语点赞。

特级教师王栋生在一篇文章中这样写道："我对青年教师说过，我水平很有限，上课效果一般，上过很多自己不满意的课，反思时经常很后悔，但我没上过假课，也希望老师们诚实地上课，保持常态，保持本色。"我们需要学习王栋生老师的坦诚，直面自己真实的课堂。

邀学生一起观课

南京师范大学附属小学启动课堂教学改革实验之后，实验班的课堂面貌发生了很大的变化。课堂上，学生大胆发言，勇敢提问，积极主动，自信开朗。如何激励实验班学生，并放大其课堂表现的影响力呢？学校创造性地组织非实验班的学生观摩实验班的课堂教学。学生观课，感触颇多。下面是六（1）班的学生杨喻涵在观摩了实验班二（6）班的课堂教学之后所写的感想。

昨天，在老师的带领下听了二（6）班的一堂课，真是令我大开眼界。从他们的表现看，我觉得以下几点值得学习。

第一，做课堂的主人。

在听课过程中，我发现二（6）班的同学们都很积极，争着举手发言，有几名同学甚至走上讲台，做起了小老师，带领同学们学习、交流，而台下的同学非常守秩序。台上的小老师从容不迫，声音响亮，有模有样。老师站在边上，时不时提醒一下。这完全是自主的课堂，这样良好的学习氛围，真令人震撼！想到我们有时发言还会手足无措、脸红、结巴，而二年级的同学能大方地走上讲台，露出自信的笑容，真是自愧不如。其实，那精彩的发言与自信的笑容背后是充足的预习，如果没有充分的准备，哪里会有自信？可见课前预习是很重要的，"不打无准备的仗"，带着问题进课堂，这样才能真正解决问题。

第二，赞美、感谢别人。

这节课令我感触很深的还有掌声与"谢谢"。每当一名同学发言结束，台下的同学就会自发地鼓掌，给发言的同学以鼓励；当一名同学补充或改正了另一名同学的发言，这名同学就会谢谢补充者。如此彬彬有礼，我们学习了六年也没做到。如果发言时出现错误，我们班有人还会嘲讽发言的人，这是不应该的，我们要学会赞美，学会感谢，发自内心地为同学喝彩。

第三，大胆质疑。

二（6）班的同学还有一个优点，就是大胆质疑。有些问题我们不明白，但因为要面子而不敢提出，这样就丧失了一个学习的机会。只要有问题就要大胆地提出，这样你才是会学习的人，才是学习的主人。

我们是六年级的学生，但有些地方还要向他们学习。子曰："三人行，必有我师焉，择其善者而从之，其不善者而改之。"我们要虚心学习他们的优点，改掉坏毛病，这样才能更上一层楼。

看了学生的观课感想，我也有一些感想。

观课不只是教师的"活儿"，不是教师的"专利"。学生也可以是观课者。

学生观课，对上课班级的学生而言，是一种激励。因为他们的课堂，被提供给同学观摩，作为榜样，他们感受到的是一种荣誉、一种责任。心理学上有"霍桑效应"之说，即那些意识到自己正在被别人观察的个人具有改变自己行为的倾向。这就像我们所感受到的，有他人听课时，上课班级的学生常常表现得比往常优秀。

学生观课，对观课的学生而言，是一种教育。学校邀请学生观课，是想将教学改革中有效、成功的做法在其他班级进行辐射性推广，让实验成果不束之高阁。上述六年级的学生观摩二年级的课堂，更多的是学习低年级学生课堂学习的方式，感受他们学习的积极性与热情。如果是同年级之间的观摩，学生观摩新课的过程也是学习新知的过程。也就是说，在观摩过程中，观课的学生可能和上课的学生一起学习知识，也可能是观课的学生向上课的学生学习上课的态度、上课的方法。我曾尝试让作业书写比较马虎的学生一起参与批阅作业，这样做的效果比教师苦口婆心、语重心长的说教强得多。学生亲自经历、体验的教育效果是教师空洞的说教难以企及的。

学生观课，对观课的教师而言，也是一种促进。因为它提醒观课教师要从学生的视角来观课。学生也能看懂课的"门道"。就像杨喻涵的观课感想，还是挺"内行"的。让我们有些脸红的是，跟学生的观课感想相比，我们的评课往往显得假、大、空。我曾在学校三年级的一个班借班上课。上完课，我问班上的学生："课上得如何？"学生说"挺好的"。我让他们再说得具体一些。学生七嘴八舌。有的说"你让我们到前面讲"；有的说"你很认真地听我们讲"。从学生稚嫩、质朴的发言中，我们能看出学生的学习需求、内在想法。

我想起了曾经看到的南京晓庄学院附属小学四年级学生陈昕画的一幅画（如图5-3所示）：

图 5-3

学生用连环画的方式，记录了她上过的一节题为"平行和相交"的数学课。图①，教师揭示课题；图②，教师引导学生认识两条直线的位置关系；图③，教师讲解两条直线互相平行的概念；图④，教师举出生活中互相平行的实例；图⑤，教师组织学生学习用三角尺和直尺画平行线；图⑥，学生完成课堂练习。

我们再将苏教版小学数学教材编写的相关内容呈现出来（如图5-4所示）：

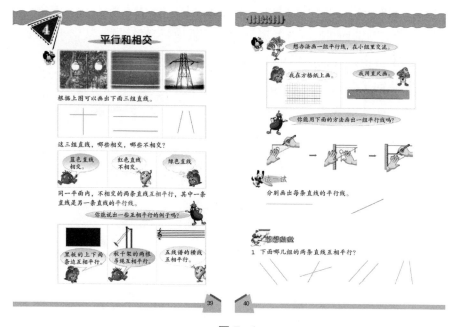

图 5-4

通过比对，可以发现，学生用图画形式记录的教师的教学思路和教材的编写思路保持一致。我们可以评析上课教师尊重教材，教学组织有序。若从学生的视角看，教与学的过程，不仅在教师的预设之中，也在学生的预料之中。数学课上会发生什么，学生把数学书一打开，一切都明白了。这样的学习，缺乏一定的创新与挑战，这样的课堂，机械、沉闷，让人觉得没意思。

学生视角，是我们研究教学不可缺失的。

当然，其他学校、其他教师不应简单地模仿或照搬这样的做法。邀学生一起观课，是一种充满正能量的教学举措。更深层的突破以及给我们的启示是，教学应以学生为资源，学生不仅是学习资源的消费者，也是学习资源的生产者。一切都可以成为教学资源，这与"让学校每一面墙壁都说话"异曲同工。

"一个都不能少"

一位教师借班上公开课。

上课之前，教师和学生沟通交流。当聊到班上有多少名学生时，教师发现这个班的学生并没有全部来到公开课现场。随即，这位教师和该班的班主任沟通，请他把教室里没有来上课的十几名学生也带到公开课现场。班主任解释，现场太拥挤，坐不下，所以班上才有十多名学生没有来。这位教师又请现场的听课教师协助，搬来一些小凳子，请班主任把学生带过来。最后，学生都到齐了，尽管比较拥挤，但整个活动现场弥散着温暖的气息。

公开课，为什么不组织全班所有学生都参加？或许，是因为场地太小，难以容纳全班学生；或许，是因为有些学生"见不得人"，不能在公开课上亮相……。我们有各种理由，但扪心自问：是活动现场"装不下"所有学生，还是教师心中"未装下"所有学生？这样做，究竟是为了什么？教师在乎什么？来现场上课的学生会怎么想？未来现场上课的学生又会怎么想？学生是否在乎？

这让我想到一则故事，它曾经出现在几个版本的小学语文教材中——《这条小鱼在乎》。海水退潮后，大量的鱼被搁浅在海滩上。一个小男孩见状，开始捡起鱼一条一条地往海里扔。一位路过的人不理解："水洼里有成百上千条小鱼，你救不过来的……你这样做有谁会在乎呢？"小男孩一边回答，一边捡起一条鱼扔回大海："这条在乎，这条也在乎！还有这一条、这一条、这一条……"

我又想起了张艺谋拍摄的电影《一个都不能少》。十三岁的魏敏芝作为代课教师，按高老师的要求，不让每一个学生流失，其代课经历让我们唏嘘不已。对于魏敏芝来说，把娃看住，真的相当不容易。教育面向全体，"一个都不能少"，尊重每一个学生，不放弃任何一个学生，不应该成为漂亮的口号，而应当落实到每一位教师务实的行动中。我们都有这样的认识，但我们做到了吗？

对于公开课，除非遇上无法抗拒的因素，一个班级的学生未能全部到现场上课，我以为这与"面向全体"的理念是相背而行的。

再说学生在课堂上发言的问题。以数学为例，通常一个班级一周有 5 节数学课，在这 5 节数学课中，是否有学生一次都未发言？试想：如果一个学生在一周 5 节数学课中都未获得一次开口说话的机会，他会有什么感受？又有怎样的想法？伤害一个人，最厉害的方式，不是打他、骂他，而是漠视他。相信教师不会有意漠视学生，但教师的疏忽可能会带来这样的伤害。每个人都有团队归属的需求，都希望能被他人接纳，这样才有安全感。而一个学生如果总是被群体排斥在外，还能感受到尊重并安全地学习吗？

我们是否可以这样处理，每周三、周四，有意识地问一问班上的学生，在前几天的课堂上，有谁还没有发过一次言？后面的课堂上，教师"特别"安排一下。让每个学生每周在每门学科的课堂上至少发言一次，这样的要求，对教师、对学生，是高还是不高？教师关注每一个学生是不是"在场"，就要让每一个学生参与到课堂学习活动中，让每一个学生都感受到教师关切的目光、期待的眼神，让每一个学生都做学习的主人。教师不仅要做到让学生人在教室里，还要让学生心系课堂。

在课堂上，教师真的关注每一个学生的学习了吗？我的一个学生曾经和我说了一句话，我的内心一下子就被"震"住了。一次，上完数学课后，他对我说："贾老师，在你的数学课上，周子棋（注：周子棋是一位非常优秀的学生）的发言，永远能得到掌声，可他的发言，我永远听不懂。"这个学生的话，让我想到，还有一些学生也是这样的，可他们会把这样的想法深藏在心底，不会告诉同学、家长、老师，那是他们永远的秘密，也是只有他们自己才知道的"痛"。把这样的想法坦诚告诉老师，真的需要极大的勇气以及对老师的极度信任。我从内心感激这个学生。他的话提醒了我，教室里还有这样一些容易被我们忽略的学生；他的话让我对班级中的弱势学生保持觉察：课堂上，他们在听吗？他们听得懂吗？他们在想吗？他们是怎么想的？

教师不能仅仅关注每个学生是不是都坐在教室里，更应当关注每个学生是不是都在往前走（但不是齐步走）。学生是有差异的。"一个都不能少"，就是让每个学生在原有的基础上得到尽可能大的发展。也就是说，在一节课上，不是强制性地统一要求全班学生一起"走三步"，而是允许有的学生"走三步"，有的学生"走五步"，甚至"走八步"。对那些仅能"走一步"的学生，并不是强拉硬拽着他们"走三步"，而是接纳并允许他们在今天这节课上就"走一步"，在明天的课上，再继续往前走一点点儿。每天进步一点点儿，一个阶段以后，这些学生达到课程标准的"走三步"要求。即，学生往前走的速率、路径、路程是有差异的。正如苏霍姆林斯基所言："学习上的成就这个概念本身就是一种相对的东西。对一个学生来说，'五分'是成就的标志；对另一个学生来说，'三分'就是了不起的成就。"比如，学习"公倍数和最小公倍数"，教师在拟定第一课时的教学目标时，做了差异化的考虑：全班学生理解公倍数和最小公倍数的含义；会用一一列举的方法找到两个数的最小公倍数；部分学生能在一一列举的方法的基础上，发现用"大数翻倍"的方法能找出两个数的最小公倍数；少数学生发现一些具有特殊关系（互质关系、倍数关系）的两个数的最小公倍数的规律，或者发现两个数的公倍数与最小公倍数之间的关系。教学目标的差异性与多样化，意味着教学出发点与教学归宿的多样化，意味着教学过程"因生而异"，意味着教师将每一个学生的学习与发展装入心中。

"一个都不能少"，尊重并保护每个学生的学习权，作为教师，我们责无旁贷。泰戈尔说："教育的目的应当是向人传送生命的气息。"这样的教育教学过程，让我们体验到师生生命的尊严、活泼与灵动，感受并享受生命生长的气息。

课堂上，学生下位了

某次，听一节课，发现教学进行过程中，坐在教室最右侧前排的小男孩下位了，教师视而不见，其他学生也一切如常。

有听课教师质疑：学生课上怎么能随便下位呢？教师怎么能不管呢？这么没规矩，成何体统？不乱套了吗？

学生缘何下位？下课后，我悄悄地询问下位的男孩。男孩告诉我："刚才上课时下位，是因为黑板左侧反光，老师写在黑板上的内容看不清，只得下位看。不过，这是老师允许的。老师早就和我们说过了，课堂上，如果看不见黑板上的内容，可以悄悄地下位看，只要注意不影响别人。"原来如此！我不禁为这位教师的教学处理方式叫好。

我在想，如果这名学生不和我们做解释与说明，我们能发现他下位的真实原因吗？这位上课教师又是怎么发现这一情况的呢？或许，曾经有那么一节课，学生因为看不见黑板上的内容而起身，甚至离开座位左顾右盼。教师没有简单地呵斥学生，而是了解学生"失范"的真实原因，继而发现了问题。如果教师仅从自己的角度观察与分析，就很难发现这一问题。

视角不同，看到的世界也就不同。下面的故事，相信大家都不陌生。一位女教师的正在上幼儿园的女儿，画了一幅画——《陪妈妈逛街》。画中，既没有高楼大厦，也没有车水马龙，更没有琳琅满目的商品，有的只是数不清的大人们的腿……。身为教师、亦为人母的她，拿着女儿的画沉思了很久，终于解开了疑惑。原来，幼小的孩子身高只能达到大人的腰部，走在大街上，她被川流不息的人群遮挡了视线，除了能看到大人们的腿，还能看到什么呢？作为教师的妈妈如梦初醒：难怪自己要带孩子逛街，孩子总是不乐意！

我们常常说，要弯下腰、蹲下身，从孩子的视角看孩子的世界。扪心自问：我们真的做到了吗？我们的心中装着每一名学生了吗？为什么还没有调查、了解学生下位的真相，就想当然地做出"没规矩"的判断？我们常常说要倾听学生，事实上却常常不听，而只是从自己的角度出发思考、分析问题。我们内心接受并认同的还是自己高高在上、居高临下，学生唯唯诺诺、唯命是从。对课堂上学生下位的现象，为什么要质疑并直接否定呢？这表明，教师潜在的观念是，学生坐着听讲，就要坐正，即两脚平放在地上，腰板挺直，两臂环抱在桌子上——这样的课堂，全班整齐划一，步调一致，方为有序。

于是，在不知不觉中，我们给了自己很多框框，很教条地处理课堂秩序与规范类问题。课堂上，我们本应关注学生是否专注地听讲，但我们实际关注的往往是学生听讲时外在的姿势表现，即是否坐正了。我们常以为，坐正了，就听讲了。我们要重新建立的认识是，坐正≠听讲。这，本是常识，不知从何时起，却被我们忘记了。试想，一个成人，也几乎不可能做到40分钟一直保持同一种姿势坐着，那为什么要一而再，再而三地要求学生这样做呢？这是不是教师简单化的教学处理方式以及特权式的教学思维方式的体现呢？

那么，为什么这位上课教师和全班学生对那个男孩的下位视若无睹呢？因为这样的行动是双方约定的，彼此渐渐具有了默契。师生双方生活在彼此都视为"当然"的世界中，"下位"这样的现象，也就是可以预期与理解的，被习惯化甚至制度化、合法化了。我们知道，秩序的形成需要经过习惯化、制度化和合法化三个阶段。不过，秩序是互动双方共同构建的产物，它依据互动双方的遵守状况而存在或消亡。秩序具有一定的稳定性，但也并不是绝对不变的，互动的双方完全可以对其做出调整、改变，甚至废弃它。

课堂，需要规则，需要秩序。但规则与秩序不是死板、僵化与教条的。因时、因事、因人而异，才是规则、秩序的生命力所在。

教室只是学生学习的物理场所。座位只是学生可以坐着上课的一个地方，而不应成为束缚学生身体的囚笼。学生的下位，如果从教师的角度来看待，是对课堂秩序的挑战乃至破坏；而如果从学生的角度来看待，又是具有合理性与必要性的。

由此，我又想到，教师上课通常是需要站着的。教师能否坐着上课？排除身体不适的情况，应该是不可以的。那如果是下面的情况呢？教师在教室前面的视频展台上示范竖式计算的过程。教师如果站着写，就挡住了屏幕的一部分；如果趴着或蹲着写，又会感到很难受。这时，教师能否搬来教室内闲置的一张椅子，然后坐下来写？

至此，我想说明的是，并不是原有的教学规则与秩序要求错了，而是对原有的教学规则与秩序有丰富与补充的必要。我们需要在新的环境中构建新的规则与秩序。而重新构建的出发点，不能仅是教师意愿，更要考虑学生需求。

受那位上课教师的启发，在我的课堂上，学生不仅可以随时下位，而且有写"小纸条"的机会。我曾有一名学习特别优秀的学生，对课堂上的问题他都有自己的思考。如果让他把自己的想法说出来，全班大多数学生都是听不懂的。因而，我在课堂上难以安排他与全班同学交流。如何保护这名学生思考的积极性呢？我想到了"小纸条"——课堂上如有想法，可以用纸条写下来。对比较急切的想法，可以当时送呈讲台；对能延迟交流的想法，最好课后把纸条交给我。

可见，规则与秩序，不是限制学生的，而是支持并促进学生学习与发展的。它需要形式，但不需要形式主义。

对"先学后教"的多元解读

一节数学课，教师组织学生课前完成了一份导学单，然后在课堂上组织学生汇报交流。

听完这节课后，有教师如是评析：这节课采用"先学后教"的教学方式……

有教师提出反对意见：那份导学单是教师设计的，体现了教的意图，不能称为"先学"，因为导学单就是教学生怎样学的……

我认为，应对"先学后教"保持多元、开放的认识。

长期以来，人们习惯于这样理解教学：教是学的基础与前提，教学即是先教后学。而伴随教学改革提出来的"先学后教"，正得到越来越多教师的关注。谈及"先学后教"，不少教师存在着简单化的认识，即认为"学"是学生的事，"教"是教师的活儿。先学后教，即让学生先学，然后教师再教。而这，是对"先学后教"的片面理解。

江苏省泰兴市洋思中学基于多年的教改实践，这样解读"先学后教"：所谓"先学"，不是指让学生泛泛地、单纯地看书，而是指在教师简明扼要地出示学习目标、提出相关自学要求、进行学前指导后，学生带着思考题在规定时间内自学相关内容；"后教"，不是教师漫无目的地教，而是在学生充分自学后，针对学生自学过程中暴露出的问题，让已会的学生来教不会的学生，学生与学生之间进行合作实践、合作探究、合作学习。对学生都不会的问题，教师再进行点拨。教师要从"学生如何学"入手研究确定"教师怎样教"。不论是备课还是上课，都要把"学生如何学"作为课堂研究与课堂实施的重点。"先学后教"的基本内涵是不学不教、以学定教、以学促教、以教导学。"先学后教"，变"学跟着教走"为"教为学服务"。

可见，对"先学后教"的理解不能简单化，应采用多元的视角。

"先学后教"——学生先学，学生后教。教不仅仅是教师的教，还有学生的教。学生先学习，然后在小组交流或全班交流的过程中"教"同学。教不仅仅是讲解。学生参与小组交流、全班交流，对自己而言，是"学"，对同学来说，是"教"。"教"，不是一种简单的告诉，而是我和你分享我的想法，你把你的想法与我的对照，在这一互动过程中建构各自新的认识。交流、讨论，既是学，亦为教。学生教学生，"兵教兵"，"兵强兵"。

美国学者、著名学习专家爱德加·戴尔发现并提出了"学习金字塔"理论（如图5-5所示），他用数字形式形象地显示了采用不同的学习方法，学习者在两周以后还能记住内容（平均学习保持率）的多少。在塔尖位置的学习方式是"听讲"，也就是教师说、学生听，这种我们最熟悉、最常用的方式，学习效果却是最差的，两周以后只能记住5%的学习内容。在金字塔基座位置的学习方式，是"教别人"或者"马上应用"，可以记住90%的学习内容。也就是说，学习一些东西的最好的方法就是去教。教，又是更好的学。只是，不要要求学生采用我们成人的方式去"教"。学生的语言可能稚嫩，方式也许简单，但学生会用心阐述自己的理解。在交流的过程中，他们在教，他们在学。学生的教，促进了学生学。

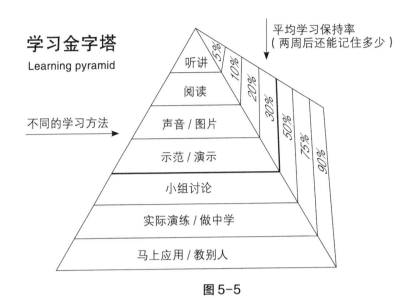

学习金字塔
Learning pyramid

平均学习保持率
（两周后还能记住多少）

不同的学习方法

听讲 5%
阅读 10%
声音 / 图片 20%
示范 / 演示 30%
小组讨论 50%
实际演练 / 做中学 75%
马上应用 / 教别人 90%

图 5-5

　　"先学后教"——教师先学，教师后教。教师先向学生学，然后教学生。教师在课堂教学过程中要"管住自己的嘴，用好自己的耳"，注意听讲。这里的听讲，是指先听学生交流，然后再讲，即先听后讲。教师要把握好的是，学生已学会的，教师不教；学生暂时不能学会的，教师不教。而这需要教师先听再做出判断。对教师来说，先向学生学，意味着尊重、等待与倾听，研究学生真实的思维过程，把握学生真实的想法，了解学生是否已经解决了他们现有发展区的问题。教师要解决的是学生最近发展区的问题，使教学走在发展的前面。

　　"先学后教"——学生先学，教师后教。当我们把视线更多地投向学生的时候，我们也不要走向另一个极端，甚至将教学过程中的教师边缘化。学生先学，不是简单的时间顺序上的先，而应当是活动安排上的优先。教师后教，这里的教，是指应将传统的以讲授为主的教的方式改为使用方法指导、反馈评价、过程组织、互动交流、个别辅导等多种方式。教师的教的作用主要体现在引导和促进学生能动、有效的学习活动上，教师以学生能动、有效的学习活动去实现教学目标，而不是以自身的活动直接去实现教学目标。正如，我们通常觉得，课堂上，教师讲清楚了，学生就明白了。事实未必如此。教师的教，只有引发和促进学生想准确、想深入了，才算讲清楚了。

总之，对学生来说，需要先学后教；对教师来说，也需要先学后教。当我们对"先学后教"做出多元解读之后，还要注意的是，在实践中，我们应当将学生先学教师后教、学生先学学生后教、教师先学教师后教这三种理解融合在一起以指导实践行动。"先学后教"，不仅仅是就教与学的关系、教与学的顺序而言的，它还是教学原则与教学要求。

后　记

一路走来

　　"如果一位教师不上课，还是教师吗？如果一位教师不好好上课，上不好课，那算是怎样的教师呢？其实，这都是常识性的问题。或许我们没有常常去认识，也就变得'不识'，即忘记了常识。"2018年上半年，当我得知被评为国家"万人计划"教学名师时，我在教学手记中写下了这样一段话。我以为，教师的生命、价值与意义，都在课堂中。课堂的质量，影响甚至决定教师教育生活的质量。

　　教师，每天在课堂中行走。日复一日，年复一年，我们的课堂是否"重复着昨天的故事"？一路走来，我们又是如何认识课堂的呢？为何面对课堂常识，我们常常不识？是什么蒙蔽了我们的双眼？为什么我们在课堂中实践但失却了自己的思考？每天走进课堂的时候，我们内心怀有怎样的情感与期待？十几年前读过陶志琼等翻译的《透视课堂》一书，其序言中的一段话给我留下了深刻印象："课堂，一个平常、普通而又神秘莫测的地方；课堂，一个充满了众多生灵喜怒哀乐的地方；课堂，一些人一心向往而另一些人又唯恐避之不及的地方；课堂，一个既严肃又活泼的地方；课堂，一个既可远观欣赏又可近观理解，但就是'不可亵玩'的地方！"

　　无论是他人的课堂，还是自己的课堂，我们或多或少都会有"不满"以及"不安"，总在自觉或不自觉地做一些改变。白岩松的"东西联大"校训是"与其抱怨，不如改变；想要改变，必须行动"。而我以为，在教育教学实践中，没有思考的行动，是茫然、盲目，甚至是危险的。改变，应落实到行动中；行动，应与思考相伴。改变课堂，我们首先要发现课堂中的问题，思考、辨析这些问题。

我在观摩他人课堂的过程中发现问题。虽然我们知道，看别人，要尽可能发现优点，但我以为，如果发现了缺点，也不必回避。真正的好朋友，是可以直言对方不足的。当然，从他人的不足中，我们容易发现自身存在的相似的问题。正如观摩他人课堂时，如何记录，为何记录，如何评价，这些都成为我重新认识课堂的话题。正如书中所写："听课，是为了在观察中研究、发现问题，改进自己和他人的实践。研究听课记录，是为了更好地促进自己认识课堂、理解教学。我们所记录的课堂，并非蓝本，而是镜子。人是社会化的存在，人的成长离不开他人。做听课记录，能让我们的课堂与他人的课堂积极互动起来，让我们的想法、做法与他人的想法、做法'互联'起来。"

我在反省自身实践的过程中发现问题。上课，我们是否痛苦过？是否得意过？总有一些让自己扼腕或刻骨铭心的教学片段时不时地在脑海中浮现。有时，我能感觉到自己的痛苦，因为我在毫不留情地解剖自己在课堂中的所做所思。让自己感觉到痛，需要自省，更需要自觉。后来，我发现，这是一种伴随生命拔节生长的痛，它让我更清醒地认识自己，发现自身的不足，发现自己成长的空间。

一路走来，向前，向前，可我们别忘了曾经走过的路。适时地回首，是为了更好地认知当下，瞭望未来。重新认识课堂，并不是全盘否定我们曾经的课堂，而是提醒自己不要不加思索地凭着惯性前行；重新认识课堂，不能停滞于发现课堂中的问题，也不是懊恼自己课堂的不足，而是以积极的态度，在批判中建设，敞开胸怀面向未来。

一路走来，思行相伴，将思与行凝聚成文字，汇成一本书，我发现这是好玩的事情。它让我体会到了"不积跬步，无以至千里；不积小流，无以成江海"的道理。更为好玩的是，这些文字，是思考的凝练与提升，又促进了行为的改变。当看到学生活泼泼地学习的样子时，当收获课堂"原来如此""原来并非如此"的洞见时，教师能从内心感受到重新认识课堂的力量与意义。

感谢我的学生！我和他们牵手，在课堂中一起前行，共同成长。

感谢我的领导、同事、朋友、家人！他们以各种方式为我加油、助力。

感谢成尚荣先生！我每一本书的出版，他都在百忙之中非常深情地悉心指导。一路走来，我获得的幸福是难以用文字来表达的。

感谢李热爱编辑！是她精益求精地工作，让我的这些文字以更美好的方式呈现给大家。

感谢我自己！坚持每天在课堂中行走，坚持在课堂中认识课堂，让自己经历挑战、痛苦、彷徨、犹豫、焦灼、怦然心动、豁然开朗……，体验到收获与成长。

既然在路上，便只顾风雨兼程。我知道，我的认识与行动，或许微不足道，但我坚信：道足不微！

贲友林

2018 年 11 月